安積澹泊のものがたり

梶山孝夫

JN253532

安積澹泊像（水戸市三の丸）

まえがき

『修史始末』は藤田幽谷が二十四歳の時に著した書物です。幽谷は一編修にすぎない身分でしたが、西山公（義公光圀）の修史、すなわち『大日本史』編纂のことですけれども、その経過足跡を詳細にたどり、修史の本旨を探究したレポートともいうべきものです。前半は西山公時代、後半は西山公薨去後の時代を取り扱っています。叙述のために史料として引用したものは厖大であり、とりわけ往復書案についてはは抄録をつくり実に丹念に調査しております。ついで『澹泊斎文集』からの引用が目立ちます。本書は『修史始末』にみえる老牛、すなわち安積澹泊に関連する記述を中心にしてまとめてみたものです。幸いに『修史始末』は橋川文三氏の口語訳があり、文意理解の手助けとなります。橋川氏は「日本の名著」（中央公論社）の一つとして『藤田東湖』を刊行された際に『修史始末』（解説の他に回天詩史・常陸帯・弘道館記述義・新論・東湖随筆・見聞偶筆）の口語訳をも収められました。本書はこれを基本に私なりの加筆訂正を施しながら、『修史始末』には引用されていない文章をも勘案して澹泊の修史における役割を考えてみたものです。いうまでもありませんが、澹泊の史的評価は主として幽谷のそれです。

ところで、幽谷が『修史始末』の中で先生の敬称を用いたのは安積澹泊・栗山潜鋒・打越樸斎・立原翠軒の四名で、ともに総裁を務めた人物です。翠軒は当時の総裁であり、実際に入門し教えを受けたのですから当然としましても、他の三名は先人であり、すでに幽明境を異にしていますから、そこには幽谷の評価が表れていると思われます。

私は先に『藤田幽谷のものがたり』を書きましたけれども、幽谷の修史への関与についてはあまりふれておりません。それは東湖執筆の行状を中心としたためにやむを得ないことではありました。本書では、それを補いつつ、澹泊を通して修史事業の実際を明らかにしたいと思います。今度は『修史始末』をメイン史料としておりますので当然なのですが、前著に倣って幽谷が澹泊(本文では老牛先生)を語るという形式を採っています。したがいまして、本書は前著の姉妹編ともいえるかと思います。幽谷や澹泊の人物像が少しでも明らかとなれば幸いです。

平成二十六年八月

著者記す

目次

一　老牛先生と私

老牛《ろうぎゅう》先生といっても多くの方はご存じないかもしれません。水戸の大先輩である安積澹泊《あさかたんぱく》先生の晩年の号が老牛です。西山公によって始められた修史（いわゆる『大日本史』の編纂のこと）の事業に生涯を捧げられた方であります。これから老牛先生についてお話をしたいと思います。何故に老牛先生のお話をするのかということについては、おいおい明らかになることでしょう。その端緒として私的なことでありますが、老牛先生と私、一正《かずまさ》（藤田幽谷）との関係から始めたいと思います。関係といいましても、直接にお目にかかったことも、その謦咳に接したこともありません。それは老牛先生が生涯を終えられましたのが元文二年のこ

安積澹泊の像（水戸市）

とであり、私がこの世に生を享けましたのが安永三年ですから、すでに三十数年を隔てていますので当然のことです。

いつのころでしたか、斎藤伯通様が老牛先生の後嗣が絶えておりましたので、それを私に嗣がせようと立原翠軒《たちはらすいけん》先生に図られたことがありました。斎藤様は私を高く評価されてのことでしょう。けれども、私は同門の小宮山子実様を通じて立原先生に辞退する旨をお伝えしました。それは『孝経』に「身を立て道を行い、名を後世に揚げ、以て父母を顕わすは、孝の終わりなり」とありますように、名を揚げるのであればわが家のことを先にすべきであると考えたからです。そうして、この話はついに沙汰やみとなりました。

西山公のお側には優れた方が多数おられましたが、その多くは藩領外から招いた方々です。その中で老牛先生は数少ない水戸の産でありました。老牛先生は明暦二年に生まれて、元文二年に亡くなりましたので、八十二年の長い生涯を送られたことになります。安積家のことにつきましては後に少しくふれたいと思っておりますが、何といいましても老牛先生の本領は史学にありまして、しかも長らく西山公に近侍して修史の業に携わり、その重要事項のことごとくに関与された大歴史家です。これから、この老牛先生の修史に果たされた役割を考えていこうと思っております。いま、老牛先生の事績を顧みますことは史館にあるものにとっての大きな示唆となるはずである、と信ずるからです。

二　老牛先生の家譜

　老牛先生の門人である徳田様は総裁を務められた方でありますが、「安積澹泊斎行実」という文章をものされておられます。それによりまして、以下老牛先生の家譜を述べておきたいと思います。

　先祖は奥州の人であり、二階堂氏の一族でした。曾祖父の藤内《とうない》という方が二階堂盛義に仕えて飯土《いいど》用《よう》村に館を築いて、ここを居城としましたので飯土用を氏としました。安積郡に在住しておりました安積氏の女を娶り、三子を得ました。祖父に当たる正信は末子でした。天正の末に、藤内は須賀川城を守っておりましたが、伊達政宗と戦い利あらず一家は離散してしまいました。正信は幼児でしたが、長ずるに及んで安積氏を嗣ぎ覚兵衛《かくべえ》と称し、小笠原秀政に仕えました。天和元年の大坂の役に際しては、天王寺に陣した秀政の子忠真に属して出陣しました。忠真は奮戦の中に馬を失い重傷を負いましたが、正信は身を挺して突入し、一将校を倒して馬を奪い、忠真を助けて還りました。『国語』に功績のある者を覚というとみえておりますが、それを称したのです。これによって安積覚兵衛の名は四方に広まり、『難波戦記』などにも記載されております。寛永中に、わが威公に仕えて四百石を給せられ、その名が顕著となりましたので子孫は本姓に戻さなかったのです。

父貞吉は学問を好み詩文に秀でていました。希斎《きさい》と号し、俸禄を嗣ぎましたが、病のために辞退しました。そして月俸を賜り治療に専念したのです。先生は明暦二年十一月に水戸で生まれました。母は岡崎氏です。父希斎は先生を戒めて読書を勧めました。そのころ、西山公は明の遺臣であります朱《しゅ》舜水《しゅんすい》先生を招き師とされました。寛文五年、たまたま舜水先生が水戸に参りますと、父希斎は西山公にお願いしまして先生を門人とさせていただいたのです。そこで、江戸の屋敷に上りまして勉強することになりました。時に先生は十歳でした。舜水先生は懇切に指導されつつも、厳しく課程を立てて、日毎に記録を付けさせました。その帳簿を「逐日功課自実簿《ちくじつこうかじじつぼ》」といい、これに題言して励ましたのです。その甲斐あって、先生は遂によく華音(中華語の発音)に通じたのですが、舜水先生はこうおっしゃいました。「私は日本に来て以来多くの者に句読を授けましたが、皆十分な成果を挙げることはできませんでした。ひとり彦六(先生の幼名)のみがよくできたのです」と。

寛文九年、先生は病のために水戸に帰って参りましたが、翌年二百石を給せられて大番組となりました。西山公は常に左右に置き、祖父正信の武勇にかんがみ、先生を抜擢して正信を追想したのであります。やがて延宝三年、小納戸《こなんど》役に転じました。

以上が「行実」冒頭の記述でありますが、覚兵衛の名は老牛先生も用いられ、字《あざな》を子先といいました。天和三年に突如として史館に入り、修史事業に携わることになります。西山公の命によったことはいうまでもありません。

三　朱舜水先生

朱舜水先生と老牛先生との関係については少しく述べましたが、先にふれました「逐日功課自実簿」について補っておきましょう。これは勉強日課の予定表ですけれども、舜水先生の題言と老牛先生の跋文が付されています。題言は寛文八年のことですが、時に舜水先生六十九歳、老牛先生は十三歳でした。以下のようなことが記されています。

「学者が効を為すためには常に進んで止むことがあってはなりません。日数は足りないかもしれませんが、歳月には余りがあるものです。進んだり退いたりでは学ぶことはできません。子夏が毎日自ら勉めて自らの知らざるところを知り、毎月自らを省みてすでに知り行ったところを忘れない、と言っていることはその通りではありませんか。駿馬は一日千里を走るといいますが、駑馬《どば》の馬車でも進めばこれに追いつくのです。もし自ら俊足を誇っても走らないのであれば、駑馬でも追い越すことができます。いま、あなたに厳しく課程を立て、病気ややむを得ない交際でなければ毎日きちんと勉強すべきです。一日と十五日には復習を忘れず、もしその日にできなかったならば次の日に必ず笞打ってでも実行しなさい。この帳簿を「逐日功課自実簿」と名付けます。毎晩、この帳簿に記しなさい。決して怠ってはなりません。」

ここにみえる子夏というのは孔子のお弟子さんですが、引用は『論語』子張篇にみえています。なお、舜水先生の贈り名（諡）は文恭《ぶんきょう》ですが、文は道徳博聞、恭は事を執るに堅固たることを意味します。

老牛先生の跋文は後年の回想を記されたものですが、「逐日功課自実簿の後に書す」と題されています。まず、陸放翁《りくほうおう》（南宋四大家の一人）の淵明集跋を引いた後に文恭先生に就いて勉強したのはわずかに三年で、孝経・小学・大学・論語を読んだに過ぎませんが、これらはみな舜水先生が句読を施し口授されたとみえています。ご尊父は病ですでに危篤でしたが、この年先生がたまたま水戸に参りましたので、病のうちにも喜んでいいました。「これは千載一遇の機会である」と。そこで、藩庁に願い出て弟子としてもらいました。こうして老牛先生は江戸に学ぶことになり、翌年に帰省しましたが、ご尊父は起つことができませんでした。舜水先生が再び水戸に参りました際にはご尊父と心を通わしたのですけれども、遂に季札《きさつ》の剣のたとえを以て江戸に還られました（季札の剣は『史記』にみえるところです。春秋時代、呉王の子季札が使者として赴く途中に徐の国を通りましたが、その時徐君は季札の剣に関心を寄せました。季札はその意を汲みながらも献ぜずに使者の務めを果たします。帰途徐に至りますと徐君はすでに亡くなっていましたので、季札は徐君の墓に剣を掛けて心中の約束を果たしたという故事です）。舜水先生は朝夕に課題を出し、一簿を老牛先生に作らせてこれに題言を付されました。そして、「毎日その勉強したところを記録しなさい」と命ぜられたものがこれであります。当時、机を並べてともに句読を習った者は今井弘済、五十川剛伯《いそがわごうはく》、服部其衷《はっとりきちゅう》と老牛先生の四人でありましたが（今井様は水戸、五十川様と服部様は金沢の人です。老牛先生は今井様とともに「朱舜水先生行実」を著しています）、他の三人は記録を付けることもなく何故か老牛先生のみが命ぜられたのです。そのことを老牛先生は「思いますに、領鈍で無知のためによく為し得なかったから督励のために、このような厳しい措置を採られたのでありましょう。しかしながら、その時にともにした者は亡くなり、あるいは老いて皆その理由を聞いたことはありません。ただ自らが走らない駑馬の資質であり、他の皆さんに及ばざること甚だしいものがあったからでしょう」と述べられています。

「今年、舜水先生の文集を編集することを命ぜられた」とみえていますが、正徳五年のことかと思われます。老牛先生の回想は、さらに続きます。「文章を反覆熟読してみますとその素晴らしさが知られますが、それは死者の幸いといえましょうか。軽い塵が泰山を更に高くすることはできないかもしれませんが、父の文志の万分の一にも報いることができるでしょうか。」そして、「いま、その朱点と句読の書はともにありますが、その他は舜水先生の自書の掛軸、そして義公の刻する遺物です。六字押印の彫刻、紫檀の筆笛、これらは義公の賜うところのもので、家宝として蔵しております」とし、「子孫はこれを敬い神明のごとく大切にしなさい。これを失うものは我が子孫ではありません」と述べられています。

さらに加えて、一木一草を壊すものは我が子孫ではないと述べた李文饒（唐代の宰相）の「平泉荘記」を引用され、子孫に訓誡されたのです。「四十余年が経過しましたが、数日前のことのように寝食を忘れて勉強した当時を思い出します。人には賢不肖がありますが、それはこのように遼遠でありまから、記して子孫の戒めとするのです」と繰り返して跋文を閉じています。

　老牛先生が舜水先生について述べた文章は「朱文恭遺事」「明故徴君《みんこちょうくん》文恭先生碑陰」「文恭朱先生の墓を祭るの文」「舜水朱氏談綺序」などがありますが、次に「明故徴君文恭先生碑陰」によって生涯の前半生をたどっておこうと思います。この文章は元禄八年に成ったものです。「徴」というのは天子から召されるという意味ですが、舜水先生は何度も召されたのですけれども悉く辞退しており、十三度めにようやく応じたといわれております。この言い方は先生自ら「明故徴君朱某之墓」とすることを望まれていたようですので、これに倣ったものかと思われます。

「徴君の姓は朱氏、諱は之瑜《しゅ》、字は魯璵《ろよ》、舜水と号しました。明国の浙江省紹興府余姚《よよう》県の人です。曾祖の詔は栄禄大夫を、祖父の孔孟は光禄大夫（宰相や大将軍に相当する勲階）を、父の正は総督漕運軍門、光禄大夫上柱国をそれぞれ贈られています。母は金氏で封安の人、一品婦人を贈られた人で三人の子がありました。徴君はその末子三男です。萬暦二十八年（わが慶長五年）に生まれて賢く早熟でした。九歳の時父を失い、その哀惜は非常なものでありました。長ずるに及んで吏部左侍郎朱永祐に学びました。六経を詳しく研究し、特に毛詩に通じ、少しく経世済民の志を抱いておりました。南京松江府儒学生に抜擢され、さらに恩貢生に挙げられました。官吏の呉鐘巒《ごしょうらん》（常州の人で舜水先生の師）は答案をみて「開国来の第一と為す」としています。国政は日に日に弛んでおりましたので、進んで仕官することはしないで世俗のことには関わりを持ちませんでした。崇禎年間の末には仕官を勧められましたが辞退しました。弘光元年（わが正保二年）に再び召されて、荊国公方国安に推薦されています。大学士の馬士英が国を治めておりましたので、徴君は姦党に累するのを嫌い辞退しました。それを奢りであると非難され、夜陰にまぎれて舟山（浙江省）に逃れたのです。時に天下は清に靡いておりましたので、徴君はこれを悪みました。そこで海を渡り、我が国に来たり、安南に行ったり、再び舟山に戻ったりして祖国回復の運動に尽力しました。その間に仕官を勧められること十二回に及びました。監国九年（わが承応三年）、魯王は勅を下して召そうとしました。徴君はたまたまベトナムに在りましたが、応じようとしました。その頃、安南国王は文章の書ける人物を捜しており、徴君を引見しようとしましたが、辞退しました。国王は大いに怒り徴君を殺そうとしましたが、これに屈しませんでした。その義烈に感じて敬重され、ついに舟山に還ることができました。しかし、すでに祖国再興の時機は去ってしまいましたので、意を決して長崎に往くこととしました。それはわが万治二年のことでした。海外を流寓すること殆ど十五年にして、わが国に至ったのです。漂泊の間の艱難は非常なものであり、往きては復返すという状況でした。その中にも祖国復興の志は持ち続けておりましたけれども、ついに事を成すことはできませんでした。」

　以上が舜水先生の前半生ですが、碑陰の文はなお続き、門人安東守約《あんどうしゅやく》の庇護、西山公の招聘、天和二年の卒去、瑞龍《ずいりゅう》への埋葬、文恭先生の諡などに及び、舜水先生が古今の礼儀を講究してその詳細に至り、宮廷の器用、殖産など通じないものがないことにふれ、そして遺文が存することを述べています。

　舜水先生と西山公との篤い交流はいうまでもないことですが、老牛先生はじめ水戸の方々との交流には誠に深いものがありました。舜水先生は古今の忠義の士に心を寄せていましたが、とりわけ大楠公（楠木正成公）には強く惹かれるところがあったことと思われます。それは西山公が「嗚呼《ああ》忠臣楠子之墓」に碑陰記として採用した文章にうかがうことができますが、舜水先生の生涯にも通ずるものを感得されたからであろうと思われます。

後年のことですが、老牛先生は荻生徂徠様への書簡の中で舜水先生にふれていますことは、その学問の大きさをうかがうに足るでありましょう。荻生様にふれたついでに、新井白石様の記録からも一事を紹介しておきましょう。新井様も老牛先生と交遊のあった方ですが、その新井様が「わが国には漢土《もろこし》にまさることが三つある」と指摘された舜水先生の話を伝えられています。一つは百王一姓であること、二つは天下ことごとく公田であること、三つには武士が世禄であることをいうのですが、これらはわが国の特性を的確に把握されたことを示すものであろうと思います。

四　老牛先生の入館

天和三年、老牛先生は時に小納戸役を務めていましたが、始めて史館に入り編修となりました。老牛先生は史学にもっとも優れており、博覧強記をもって知られていました。西山公はその才能を愛されて、常にお側近くに召しておられました。入館の時には、すでに二十八歳となっていました。十歳で朱舜水先生に入門して以来その才を高く評価されていた老牛先生にしてみれば、入館は少し遅い気もいたしますが、さすがは老牛先生、その後は順調にその才を発揮し、修史に大きな役割を担われることとなります。

最晩年のことですが、老牛先生は入館された当時の修史事業の状況を語っておられます。「私が五十年前に始めて史館に入った時には、人見様が総裁でした。その時いわゆる本紀・列伝を出して私に見せてくれました。それには北朝の五主（光厳・光明・崇光・後光厳・後円融のご歴代）は格下げをして列伝に組み入れられ、足利の一族はすべて賊と為されていました。当時、これを漫然と読み過ごしてその可否を考えませんでした。一・二年後、少しく考えるところがありました。そこで密かに思いますに、もし異国革命の世に前代の歴史を書くとしますと、その方法はそうあるべきことです。いま、我

大日本史

が朝廷は一姓を引き継いで、それまでのいわゆる南北両朝も等しく天祖の後胤であり、またいわゆる北朝五主はすなわちいまの天皇のご先祖であります。どうして格下げして列伝に入れてよいのでしょうか。しかし、私は後輩ですから口に出そうと思っても口ごもってしまいました。日頃から佐々介三郎《さっさすけさぶろう》様と昵懇でしたので、密かにこのことを相談しました。その後、佐々様と吉弘様が史館の総裁となりまして、私も修史義例の制定にかかわり、強くこれを建言して、ついに後小松紀の冒頭に移すことができたのです。」

これに対する私の意見は以下の通りです。老牛先生は義例を作り、部分《ぶわ》け（人物を評価して記載する部署を定めること）を行い、「論賛《ろんさん》」を撰修されるなど、監修検討に終身努められました。義例や「論賛」については後にふれますが、修史に功績がありましたことはもとより数え切れません。特に、北朝五主を後小松天皇紀の冒頭に移しましたことは誠に正しいと思いますが、その事情を知る者が少なく、あるいは誤って打越直正《うちこしなおまさ》総裁が定めたものとされるかもしれませんので、詳しくここに述べたのです。豪傑の士である老牛先生は、はじめて史館に入って以来、古い考えにとらわれていい加減にしておくことには満足されなかったのです。そこで、ひとたび意見を述べますとたちまちに人の意表に出ること、たとえば囊中の錐のようなもので、すぐさまその切尖が表れたのです。どうして、好んで変更混乱させたなどということができるでしょうか。

五　帝大友紀の議

入館後の老牛先生は先輩たちに従って修史の業に勤しんだことと思われますが、その後先生の業績として知られるのは貞享四年に「帝大友紀議」という論文を執筆したことです。この年、吉弘様が「大友本紀論」を著し、また人見総裁も「天武紀考証」を成したようですので、これに倣って老牛先生もその一端を担われたことかと思われます。大友紀の問題はいうまでもなく三大特筆の一つですから、西山公は慎重にも慎重を重ねて論議を尽くされたものと思います（三大特筆といいますのは、神功皇后を后妃伝に収めたこと、大友皇子のご即位を認め本紀に収めたこと、神器の所在によって吉野朝廷を正統としたことです。これに関して文公は「異論があっても必ず守らなければならない。それが西山公のみ心にかなうことである」と述べられております）。当時の旧紀伝目録の天智・大友・天武の本紀は人見様の撰するところですが、これはすでに天和年間以前に出来ています。そして大友紀を立て、帝紀に入れたのは西山公の特段の思し召しによるものです。いうまでもなく千載にわたる誤りを正し、一世の誤解を解明するに足るものですけれども、さらにここに於いて考証を行って詳論し、このことを明らかにしたと申し上げることができます。吉弘様の論文は信頼できるものであります。ことの年月を明確にさせ、詳細にその経緯を考証し得ましたことは、史学者の間の話題といってよいものです。

それでは老牛先生の考察はどのようなものであったのでしょうか。この論文は「澹泊斎文集」に収められております。およそ千字ほどの文章ですが、はじめに西山公の判断を「千古の定論」とし、壬申の乱についての論を展開されています。帝大友の事績を『懐風藻《かいふうそう》』と『水鏡』によって探っておりますが、その論点は、

①大友皇子が太政大臣となられたのは『日本紀』に従ってのことであり、皇太子となられたのは『水鏡』によって同年十月とすべきであること。

②天智天皇元年の条に『日本紀』の天武紀に従い「大海人皇子を立て東宮と為す」と書き、他の箇所はすべて大海人皇子と書して一貫すべきであること。さらに従来東宮の呼称はなく天武紀にはじめて現れるのであるから、「変例」としての根拠を示すべきである。

の二点に要約されます。①については、『水鏡』に載せる太政大臣のことは『日本紀』と同じですが『懐風藻』とは異なっています。ですから太政大臣については『日本紀』に従って四年正月とし、皇太子については『水鏡』によって十月としますと整合がとれ、当時の情勢にかなうのですと述べていますが、これは『大日本史』の記述に反映されています。②は「変例」に関するものですが、天皇の弟であることを改めて皇太子とするのは、親王に代わって取り立てるということです。それは名においてはそうですけれども、義においてはそうではありません。これは事実を蔑ろにすることであって明らかな根拠はありませんというのですが、この「変例」には曖昧なところがみられます。東宮とい

う記載は天智紀にもみえておりますから、はじめて現れてくるのではなく不正確となります。②の主張は必ずしも『大日本史』の記述に採用されたとはいいがたいようです。

その他、注目すべき記載は「天武簒奪《てんむさんだつ》」です。これは天武天皇が帝大友から位を奪ったということを意味しますが、論賛をみますと壬申の乱の原因は天智天皇が早くに後継者を決めなかったところから起こったと記されておりますので、天武天皇への弁護的記述ということができます。そうしますと「帝大友紀議」の主張がそのまま論賛に受け継がれたとはいえません。かつて、安藤様が『年山紀聞《ねんざんきぶん》』に三大特筆に関して「館の諸儒たちさまざま議論ありて」と述べておられますように、西山公は三大特筆の論定には史館の知見を総動員して慎重を期されたのです。その上で西山公は最終決断を下されたわけです。このようにみて参りますと、老牛先生の考察は西山公の決断を支えたものということができるように思われます。

六　藤原公宗

藤原公宗《ふじわらのきんむね》といいますのは、建武中興の折、相模《さがみ》次郎こと北条時行とともに謀叛を図り武家再興を企てた人物です。この公宗伝が当時は叛臣伝に組み入れられていたのですが、それを老牛先生が平伝、すなわち先祖である公経の附伝としてはどうか、という見解を表明したのです。それは元禄四年のことですが、その理由は当時の名門世家のため諱《い》むということにありました。そもそも皇統の正閏は臣子としてたやすく口にしえないことです。西山公は南北朝の取り扱いにおいて、編年や年次の表現にひそかに深い意味を込められました。本紀がすでにそうなっておりますので列伝はもとよりのことであります。事実によって直書するのに何のはばかりがありましょうか。天子のために諱むことをしないで、公卿のために諱むのは、大口で飯を食らい、流し込むように汁をすするという大無作法を行いながら、乾し肉を歯で嚙み切るという小無作法を詰問するようなものではありませんか。人臣を是非することに比べて何というべきでしょうか。

正徳五年にいたり、老牛先生はついに藤原公宗（当時は西園寺を称しておりました）を叛臣伝からはずしまして七世の祖である公経《きんつね》の伝に付記したのです。先にも述べましたように、この提議は極めて疑問とすべきものです。当時の総裁があえて争わなかったのは何故でしょうか。これは修史上の重要問題の一つですから、少しく解説しておきたいと思います。

老牛先生が公宗伝を叛臣伝からはずそうとされたのは、粛公《しゅくこう》（綱条公）の夫人が今出川氏（当時の当主は菊亭公）の出であり、その今出川氏の先祖であるところから遠慮すべきではないか、ということにありました。これは当時の酒泉・佐治《さじ》総裁の書簡にみえるところから明らかであります。また、『太平記』の時代には組み入れるところがないから公経の附伝としてはどうか、との提案があったこともみえています。老牛先生は、この提案を幕府の儒官でありました室鳩巣《むろきゅうそう》様に相談をしておりました。室様は叛臣伝のままでよいのではないかと返答してきましたが、これに老牛先生は反論を加えています。

「なるほど仰せの通り、私は先に公宗も叛臣伝に組み入れてありましたのを、私見を江戸と水戸の総裁に申し述べて議論をしました。そして、叛臣伝から除いて列伝の公経の附伝に組み入れたのです。つまるところ、我が国は百王不易の歴史であり、異朝のような革命の歴史とは違っております。公宗の子孫は歴代相続き、徳大寺より西園寺を継いだ清華《せいけ》の家であります。そうでありますから、先祖を叛臣伝に組み入れたままでは決して公の史書としてはよろしくありません。事実さえ明らかにしておけばよろしいのですから、列伝に組み入れておいたほうが当世を諱むという道理には叶うであろうと、そのように判断したのです。そこで、公経・公宗の論賛にもそのようなことを書き記したのであります。」

この反論では、論賛にもふれておりますので確認しておきたいと思います。「子孫である公宗が法にそむく行為をして先祖を辱めることをしました。これがどうして子孫のためになるのでしょうか。藤原基経の子孫は栄えて天子に代わってまつりごとをなし、代々名臣を輩出しており、資料が湮滅して参考とするものが無いといいましても、その雅量と徳望には世間では優れたものがありました。そうでなければ、天の助けが厚いはずはありません。」と、このようなことが記されております。ところが公経伝の論賛には、「承久の変において後鳥羽上皇が忌むところの唯一の者は公経である」とし、「朝廷方が敗れると、禍転じて福と為して鎌倉方に機密をもらしたことは甚だしい不臣ではないか」と述べていますので、明確に不忠の臣たることを認めています。そうであるならば、これほど公宗を弁護する必要があったのでしょうか。果たして、「事実さえおさえておけば事足りる」とするのは正しい措置なのでしょうか。私には甚だ疑問をぬぐうことができません。

後年、私（当時、水戸史館総裁を命ぜられていました）は館僚、特に江戸史館の総裁であった青山様と図りまして公宗をはじめ源義朝、義仲を叛臣伝に入れることを成し遂げましたことを付記しておきます。

七　総裁としての老牛先生

元禄六年四月、鵜飼《うかい》総裁が亡くなりました。老牛先生はその後を承けて、六月に総裁となりました。入館すでに十年を経て、ついに修史の責任者となったのです。老牛先生は以前にもまして精力的に編纂事業に携わることになります。同八年、老牛先生は館僚と本紀の書法数か条を議論しました。そして翌九年、佐々総裁や中村総裁と議論をしまして「重修紀伝義例《じゅうしゅうきでんぎれい》」を定めました。老牛先生は義例に後書きをして、次のようなことを述べています。少々長くなりますが、修史を考える上に極めて重要な文章ですので、その全文を掲げておきたいと思います。

「編年の記事も歴史であり、紀と伝に分けるのも歴史です。編年史は実録の祖であり、紀伝はさまざまな歴史の帰結なのです。舎人親王が『日本書紀』を撰して以降、歴代みな、むかしながらに編年体の実録を著しています。紀といい、志といい、表といい、伝といって、天皇の御大業を総合的に考察しまして、臣下庶民の行事を列挙し、治乱興廃、礼楽刑政を類別区分し、勧善懲悪をともに記述し、燦然として見るべき紀伝体の史書といいますと、実にわが西山公の創成せられたものであり、彰考館はそのために建設せられたものなのです。そもそも年代は悠久であり、機務は複雑ですが、事実によって直写し、事柄に即してその義がおのずから現れるようにしますと、義を類推して事例の意味が明らかになるような基準がなければ、経世の大典を完成することはできません。ですから、義例は研究しなければなりません。元禄二年夏、臣吉弘元常、臣佐々宗淳は編修の皆さんとともに比較研究して義例を作成しました。その後やや年月が経ち、資料の採択はますます広がり、その取捨にあたって軽重を決めるに惑い、決裁の去就に誤りが生ずるようになりました。皮をほどいて張れば鼓とすることができます。今年元禄九年夏、臣佐々宗淳、臣中村顧言、臣安積覚は再び編修の諸士と反覆議論し、かたわら『史記』『漢書』以下の諸史の標準とすべきものを探究し、相互いに比較検討を加えて折衷総合し、もれたるは補い、余れるは削り、塞がるものはこれを通じ、曖昧なものはこれを明らかにし、改正して重修義例を作成しました。ここにおいて書を読み筆をとる人は、文に臨み、事にあたって確実なよりどころがあることとなり、紀・志・表・伝それぞれの限界を守って他の領域をおかさず、重複することもなく、一方で記述が簡単ならば他方で豊富となり、言葉は短いが事柄はひろく包括され、分類は明らかとなり、構成と方法が整うことになります。かくして、歴史が完成するであろうことは掌を指すように予期することができます。

ところで、修史事業には困難な点が三つあります。実録の歴史は大抵その当時執筆されたもので、事実を隠すことには甚だしいものがあります。たとえば、天武天皇の簒奪ですが、これは子が父のために隠し、桓武天皇の淫蕩は臣下が君のために口をつむぐのであります。それぞれ微妙な配慮が、必ずしも深く非難すべきではないとはいいましても、吉備真備が佞臣であってもその姦をあばかず、藤原基経が権勢をほしいままにしてもその専横ぶりをあらわさず、ついに早良《さわら》親王、恒貞親王が廃されたこと、長屋王、橘奈良麻呂らが冤罪を被ったことなど、事実がぼかされ、真相が知りがたいことになりました。秘められた奥妙な事柄を探って明らかにし、事の実態を研究するのでなければ、邪正曲直が判別できないということ、これが第一の難点です。

実録がすでにそうでありますから、いわんや実録の徴すべきものがない場合はなおさらです。宇多・醍醐帝以後、ほぼ編年の史書があるとはいいましても、旧史の体裁ではなく、婦人の筆になるものは形容と事実が一致しにくく、僧侶の文章は力点のおき方が多くは異なっております。物語や小説は浮薄で誇張があり、毀誉褒貶が恣意的であり、是非の判断が見聞したことのみに影響されています。ただ、名族の家記や日記の類は事実によっており、広範囲にもわたりますので信頼ができます。しかし、年月が欠けたり、欠落が相次ぐこととなりますと、物語や小説の類から補うほかはありませんので、よく探究して精密に選択しませんと容易には採用できない、というのが第二の難点です。

律令格式の制定、詔勅命令の施行、礼楽祭祀の式典、官職位階の制度は人間社会の大道を表現したもので、あえて軽視するようなことがあってはなりません。しかし、千載の後世から百代の天皇の法を推し量り、京畿の外に居ながら宮廷のことを考察するのですから、いやしくも有職故実を学んでその大体を察知しておくのでなければ、有識者の嘲笑をまねくのは当然のことです。これが第三の難点です。

この三難を知りますと、その精力を尽くしてもなお及ばない恐れがありますから、決してゆるがせにしておいてよいはずはありません。その要点は二つです。「むしろ煩雑であっても簡単にすぎてはならない。むしろ質朴であっても文飾にすぎてはならない。広く材料を集めて良史の筆削を待つ」というのが、西山公のご盛徳であり不世出の卓見なのです。

ところで、保元・平治の乱では骨肉の間柄で殺し合い、紀綱は日に衰え、平清盛がお上を蔑ろにし、源頼朝が勢いに乗じて、ついに幕府を開くに至りました。威権が下に移り、陪臣の北条氏が天下に命令するにいたりましては、王道の不振はその極に達しました。そもそも州郡の兵馬の統制権、将士の任免権が鎌倉に専属し、御教書と詔勅が並行して行われるようになりましては、その実態からいいますと、名目は列伝に列されていても実は本紀のようなものです。ですから、『史記』の世家、『晋書』の載記にもとづいて、その起源の由来を明らかにし、『唐書』の藩鎮列伝を参考としてその変遷に筋道を通すべきです。これらはみな義例では尽くし得ないところでありますが、義例の例外であるということもできないものです。下って元弘・建武の年代となりますと、名臣義士が輩出し、藤原藤房の諫争、楠木正成の忠勇など、みないわゆる「磊々《らいらい》として天地に軒《あが》る」(天地に高く掲げられるの意)というべきもので、世道人心の盛衰と国家の興廃をにぎる原動力というべきものです。作者はよろしく三たび読み返して心をひそめ、わかりにくい意味に通じ、表に出ない情を明らかにすべきです。そのためには努力が必要なのはいうまでもありません。

時に、こういう議論をする者があります。義例は号令のようなもので、号令の発布は事前になされるものですが、いま紀伝が出来上がろうとしていますのに義例を講究するのは手遅れではありませんか、と。しかしながら、これは間違いです。号令はもとより事前に定むべきですけれども、方法はあらかじめ定めるべきではありません。その形勢に応じて方法を定め、その定められた方法によって号令を展開させるのです。いずれが先で、いずれが後ということなしに、要はただによく目的を成し遂げるにあります。謹んで重修義例一巻を書写論述しまして、もって献上するのです。」

西山公は、これを座右にとどめて熟読されました。そして、老牛先生の後書きを大いに嘆賞されたのです。当時の諸先生方は歴史書を参考として紀伝の義例を重修されましたが、詳略取捨それぞれよろしきを得たもので、実に史家の標準となるものと、私は思っております。老牛先生の巻末の一文は、修辞は典雅であり、論旨は爽快であり、古今を広く渉猟して、よく人のいわんと欲するところをいわれたものです。彰考館総裁の名に背かぬものというべきであって、西山公が嘆賞されたのも宜なるかなです。その三難《さんなん》二要《によう》の説はもっとも史家の知らなければならないことであり、また当時すでに紀・志・伝・表の四類に分けることが決まっておりましたことも、この文章から知ることができます。頼朝以下の列伝の論は、時勢を見抜いたものとしてもっとも深切鮮明です。後の将軍伝を立てるという議論は、すでにここに始まっております。それ故に、この一文を詳しく記録して参考とするのです。

八　神功皇后論

いわゆる三大特筆のうちの一つめは、すでにふれた帝大友論でしたけれども、二つめは神功皇后論です。西山公が神功皇后に関する論文の作成を命ぜられたのは元禄十二年のことですが、この年后《こう》妃《ひ》・皇子・皇女の三伝が完成しました。おそらくは后妃伝に組み入れた神功皇后に関して、その議論を確立しておこうとのお考えがあったからでしょう。西山公は、老牛先生はじめ栗山様・三宅様・多湖様などに論を作らせ、また自らも僧道昶《どうしょう》に口述して一論を作られました。后妃伝に関しては「皇后を伝に立つべきである。本紀とすべきではない。」と『御意覚書《ぎょいおぼえがき》』（私は奉旨筆記と呼んでおります）にみえておりますので、西山公の指示は明確であったと申せましょう。

それでは老牛先生の論点はいかなるものであったのでしょうか。次に、これに言及することとします。まず、冒頭には西山公が史臣に命じて議論せしめられたことがみえておりますので、老牛先生もこれに倣って作成されたことになります。ついで顕宗《けんぞう》・仁賢天皇の推譲、飯豊青皇女《いいとよあおのひめみこ》の称制、武烈天皇と大伴金村による継体天皇の擁立、斉明・天智天皇の状況にふれながら、名分と統の実態があることを述べた後に、「仲哀天皇と応神天皇の継承の間に神功皇后が称制し、摂政していた。それは久しいこと殆ど七十年に及んで古今にわたり怪しまなかったのである。何故であろうか」と疑問を示されます。「それは皇后を神に託して文を飾ってきたからである」として仲哀天皇の事績に及び、「皇后の立ち振る舞いには疑う点がないわけではない」として、具体的に言及されます。「応神天皇を懐妊すること十三月そのものは、必ずしも怪しむべきではないかもしれないが、産月を祝ってその期間を延長したことは怪しむべきである」と問題点を抉っておられます。そして、次のような考察を展開されます。

「応神天皇がすでに誕生されたのに、どうして速やかに皇位を正しくして皇統を立派に継承されなかったのか。それをきちんとすれば天下が乱れるはずはなかった。ましてや、母后が政《まつりごと》に臨んでも大臣が輔佐するのであればなおさらである。そうであるのに、皇太子とされたのは謬りである。先帝の霊前における立太子であれば、これは実に仲哀天皇の跡継ぎである。時が経って陵の土はすでに乾いている。四歳にしての立太子というのは、一体どなたの後嗣ぎであるのか。」

老牛先生のいわんとするところは明らかであります。「政は皇后が天皇の位を犯さずとも可能であったはずである」とし、舎人《とねり》親王の見識を高く評価して、「当時摂政の義は存在したがその名はなかった」と述べ、皇后の立場を「僭位《せんい》」とされています。そして「応神天皇は長寿を保ち、皇后が身まかられて後に無事統を継承されたから幸いであったが、不幸にして皇后に先だって崩御されたならばどうなったであろうか」と危惧の念を表明され、さらに「それは統があるようで、実は統が無いのに等しいことであり、極めて危ういことであったのだ」とも述べられています。

このような老牛先生の神功皇后論は、まさしく西山公の英断を支えたものでしょうし、おそらくは史臣の一致した見解だったと思われます。

九　北条政子伝の立伝

元禄十三年十二月六日、西山公が薨去されました。老牛先生は、西山公の正伝であります「水戸義公行実」を中村・栗山・酒泉の三総裁とともに編集し、翌年六月に完成しました。後年宗堯《むねたか》公（四代成公）の命によりまして「義公行実」として改修され、老牛先生は跋文を付されました。享保八年十二月のことでした。西山公薨去の年には、栗山様とともに『再検本紀随筆』を著しています。

宝永元年になりまして、老牛先生は、それまで列女伝には載せられていなかった北条政子伝の立伝を建議しました。この建議は採用されましたので、改めて老牛先生の修史における重要な役割を認識させることとなりました。そこで、以下立伝の経過を辿っておこうと思います。この問題を考えるに当たり「往復書案」に注目してみますと、少なくともこの年の江戸史館から水戸史館に宛てた書案では十一月が十三日・十五日・十六日・二十二日・二十八日、十二月が一日・十三日の日付で七通、水戸史館から江戸史館に宛てた書案では十一月が九日・二十一日・二十九日、十二月が二日・八日・十七日・二十四日の日付で七通が確認されます。これらの書案はそれぞれ対応しておりまして、基本的には江戸の栗山様と中村様から水戸の老牛先生に宛てられたものと逆に老牛先生から栗山様と中村様に宛てられたものとなります。

さて、老牛先生はこんな提案をされています。「頼朝の御台所である政子の伝が旧伝にはありません。これまでは無くとも、立伝しなくてよい人物ではないように思いますので、新たに伝を立てたいと思います。それについてご相談申し上げたいことは、頼朝夫人平氏と書き出して、伝中では夫人と書いて宜しいかということです。」さらに、二位まで昇った人物を凡人の妻のように書いてよいかどうか、とも記されております。栗山様や中村様には立伝に対して消極的な見解がうかがえるのですが、老牛先生は積極的に書法の議論を展開されています。「後鳥羽院紀末に故頼朝妻政子とありますが、先年吟味の上にこのようになされたと聞き及んでいます。そうであれば伝においても、これを守り頼朝妻政子と称したほうがよいと思います。先日も申し上げた通り、歴史の例としては三公（太政大臣・左大臣・右大臣）の内方でも妻と称していますので、妻と書することがもっとも適当かと存じます」とし、さらに「先日政子伝を再校した時関連の論文を書きましたが、これは史断の類ですけれども、江戸へ送りました。それは政子伝が立伝しなくてはならない人物だからです。遠慮なく添削をお願いします」とも書き送っています。議論はまだ続きますので、もう少しふれておきましょう。

「頼朝妻と書くことは先にも申し上げておりますが、霍公《かくこう》妻などの例もありますので何も見苦しいことはありません。元来、伝を立てるか立てないかは頼朝伝の校正の時から申し上げてきたことです。その政子の事実を頼朝伝に記載するのはとても見苦しいと思いますので、切り離そうとするのです。その事情には書面では申しにくいことがあります。」「政子伝の立伝は先に申した通りです。別に引き離して公武の列伝に入れるのではなく、列女伝の中に入れて、頼朝政子と目録にも出しておくのです。そうすれば異様なことではなくなると思います。」「政子伝の立伝は当然のことと思いますが、頼朝伝の附伝などではいけません。劉向《りゅうきょう》・班固のように附伝の例もありますけれども、これまでに申し上げた通り、列女伝に入れれば合点されると思います。もし列女が穏やかでないのであれば頼朝附伝として、後日議論してはいかがでしょうか。」

実は議論はさらに続くのですが、老牛先生は江戸の総裁に対して執拗に説得を続け、ついに政子伝の立伝を成し遂げるのです。老牛先生は、こうした書簡による説得を続けるかたわら「平政子」論をものして江戸の総裁に送付しております。さすがに史家としての老牛先生の真骨頂がうかがえる論文かとも思われますので、以下三段に分けて要旨を紹介しておきましょう。

第一段では、政子が女性でありながら軍事と政治の実権を握ったことについて、並はずれた才能がなければ不可能であるとしています。しかし、父の命に背いて頼朝のもとに奔ったのはもとより正しいとはいえないがやむを得ないとする一方で、その思慮は北条氏の為を第一とし、自分のみで子への配慮を欠き、気丈ではあるが狡猾であるとされます。頼朝の富士野の狩りにおける頼家への思いに対して、これを難じその心中を見通している、と述べています。

第二段では、頼家が凡庸なので職を解き、それを子の一幡と弟実朝に与えたことが、外祖比企氏の滅亡となり、また兄弟の争いへと発展していくとし、やがて政子が鎌倉の主として頼経を招請して実権を掌中に収めたとします。そして、政子の本心は頼朝の子孫を絶やして権力を己に帰することにあって、まさに則天武后《そくてんぶこう》を見る思いである、と述べています。

第三段では、武后を例として孝謙天皇と政子を対比しながら、義時や泰時の子孫が兵馬の権を握ったのは政子の力によるとし、女丈夫というべきであるとします。しかし、武后からみれば侍女ほどの役割を果たしたのみで、この論は外面の類似を述べたにすぎない、と述べて論を結んでいます。

このように、老牛先生の政子論をみて参りますと、立伝に消極的な江戸の総裁、それは主として栗山総裁であったようですが、ここに編修上の相異が見られるように思われます。

十　帝号の議

宝永二年、老牛先生は「帝号議」を作られました。「帝号議」といいますのは、帝号の書法すなわち天皇の諡を歴史的に論じて、その記述の方法を定めようとしたものです。これはまだ未定の問題なのですけれども、私は辛卯《しんぼう》（正徳元年）の義例によって決定すべきであろうと思っております。まずは、この年の「帝号議」から紹介しておきましょう。

「本紀の神武天皇から仁明天皇に至るまでは、みな追諡《ついし》して御名の上に併記しています。たとえば、神武神日本磐余彦《かむやまといわれひこ》天皇とか綏靖神渟名川耳《すいぜいかむぬなかはみみ》天皇というごときです。考えてみますと、上世は遼遠ですので名や諱は明らかではなく、神武天皇の諱を彦火火出見尊《ひこほほでみのみこと》とするごときで絶えて僅かに有るのみです。舎人親王は博学の方でしたけれども、なお明らかにし得なかったのです。ですから仁賢天皇に至り、『日本書紀』には億計《おけ》天皇、諱は大脚《おおし》、字は島郎《しまのいらつこ》とみえています。さらに注には、「それよりほかの天皇は諱をいわれなかったのです。ここで特に書するのは旧本に拠ったにすぎません」とあります。そうですから、御名や称号の類は諱や字ではありません。神武天皇が橿原宮で即位され、号して神武神日本磐余彦火火出見天皇といわれたのです。すなわち、これは神日本磐余の五字を彦火火出見

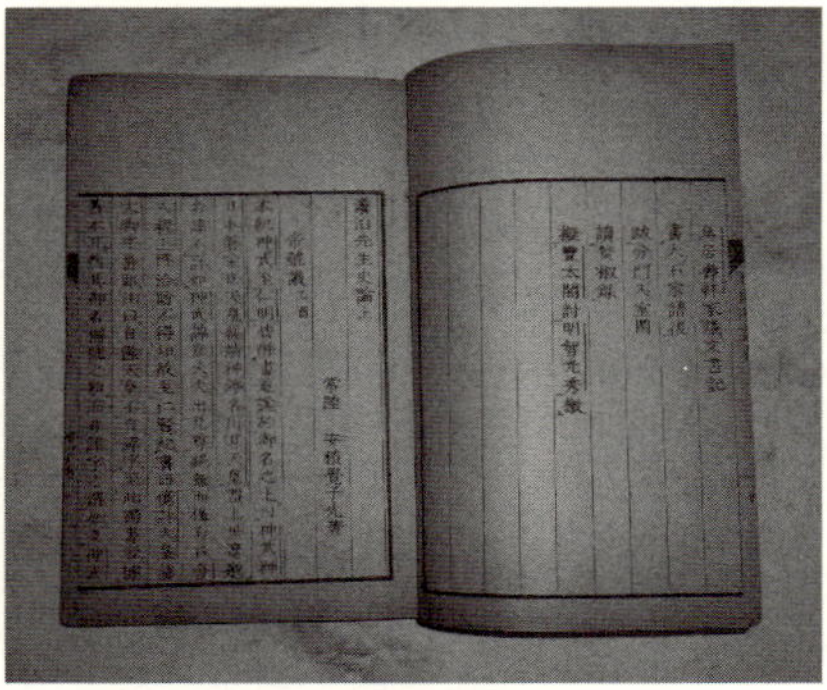
澹泊史論（帝号議）

の上に付けたものです。その功徳を称えたのですからよく考えるべきです。」

以下続けて、仁明天皇に至る実例を述べ、末尾に「御名は至重であるから、書法は義例によるべきであり謹厳でなければならない」としています。

正徳元年に至って老牛先生は再び「帝号義例」を作られましたが、これについて私が思うところはこうです。帝号の書法は、人見様が例を定めましてからは追諡と徽号《きごう》（美称）を併記することになりました。しかし、これには議論が多く、ほとんど結論が出ないままでしたが、ここに至ってはじめて決着がついたのです。引用は的確で、また判断は精密ですし、実に老練な手腕でした。『澹泊集』にはまた「将軍伝義例」がありますが、前者は「修大日本史例」に採り入れられましたけれども、後者は採り入れられませんでした。その理由はわかりません。かつて、名越《なごや》総裁が「この文を修正して義例の欠けたるところを補うのがよい」と指摘されたことがありますが、私はこの説を正しいと思います。

なお、「修大日本史例」に関しては、私も近年、若干を補訂させていただきました。

十一　老牛先生の総裁辞職

宝永四年六月、老牛先生は史館の総裁を辞任しました。この年二月に大井様が総裁に就任しておりますので、後輩に職を譲るということだったのかもしれません。総裁職に在ること十五年でした。総裁を辞したといいましても、修史に参与することはこれまでと何ら変わるところがありませんでした。九月には、大井様とともに列伝を校訂して「通例十条・特例十一条」を議定しました。元禄九年以来文武の列伝が次々と出来上がってきていましたが、詳細なものと簡略なものとの均整がとれず、また部分けの類別が無く、なお純然たる歴史の体裁をなしていないところがありました。この点、老牛先生と大井様が通例と特例を議論したことは大きな功績だと思います。

翌年六月には、老牛先生と神代《かじろ》様（後年総裁となります）が大井総裁のお宅において部分けの協議を行っています。神代様は「これまでに完成した諸伝は、部分けが定まっていないために執筆がほぼ終わったといいましても、まだ歴史の体裁を備えておりません。今後は部分けを一定して、原稿一巻の筆削が終わればその一巻が完成し、十巻の筆削が終わればその十巻が完成するというようにしてはどうでしょうか」と提案されましたので、皆これに賛成しました。このようにして、忠義・列女・歌人・文芸の分類はもとより、その他の人物もまたそれぞれの分類に従うこととしました。伝の中には詳細と簡略の配分が適正でないものがありますので、それらには加筆あるいは削除を施し、類似で文句が同じものは潤色し、姓の下に尸《かばね》を書いたものは削除し、句毎に出典を注記し、そして煩雑なものはすべて省略して一箇所にまとめることとしました。ただ、私はこの考えには賛成できません。列伝をみますと、往々にして合致しないところがあります。ですから、再び校訂が行われることになったのです。

部分けについては江戸の総裁とも相談して、部分けから発展させて時代区分（上古・官族済済・藤氏専権・頼朝開府以来の四区分）を採り入れることになりました。時に三宅様が将軍伝を立てることを提案され、老牛先生は賛意を表明しています。それもそのはずで、老牛先生はすでに元禄の「重修紀伝義例」が論議された際に将軍伝を企図していたからです。三宅様はそれらの議論をふまえておられたのかとも思われますが、六年春「将軍伝私議」を著して自らの考えを明らかにしています。

ここでは、老牛先生の「将軍伝義例」を紹介しておこうと思います。先にも若干ふれましたけれども、そう長いものではありません。

「頼朝が幕府を開いて兵馬の権が関東に移りましたので、天下の大勢は一変しました。この故に鎌倉将軍伝を別に立伝するのであります。上は世家載記になぞらえ、下は藩鎮列伝にならって、賞罰黜陟《ちゅっちょく》（功のない者を退け功ある者を昇進させること）、号令や法則を年月によって記載しております。しばらくその項目をあげてみますと、天変地異は帝紀に載せておりますので取り上げません。もっぱら鎌倉の政権に係わることを書し、将軍の叙任や爵五位以上をはじめとして重要な事項はみな取り上げます。問注所の執事、評定衆、六波羅の進退状況などもみな取り上げます。だれそれがどこかの守護に為ったとか、故あって罷免されたとかも書きますし、元老重臣の死も書きます。将軍の鶴岡詣で、将士の献上、流鏑馬の見学など恒例の行事は取り上げませんが、何か特別な場合は書きます。遊覧、騎射、田猟などは取り上げませんが、その中の大きなものは書きます。その他は取捨して考えるべきです。たとえば、頼家の蹴鞠、実朝の和歌などは取り上げて、その実態を記録します。頼経と頼嗣は北条氏に逼られ、いたずらに虚器として擁立されたとはいいましても、命令の出るところは行われておりますので、事実に拠って直書すれば時勢は自ずから表れて参ります。以下、宗尊・惟康・久明・守邦の四親王に至るまでみな同じです。」

　以上が将軍伝の立伝に際しての書法です。「紀伝義例」に倣って定められたものでしょうけれども、老牛先生の将軍伝に対する篤い思い入れがうかがえるように思われます。

十二　志目の議定

老牛先生は大井様とともに志《し》の編目を相談されました。正徳三年十月のことです。志といいますのは部門別の歴史のことで、西山公は紀伝体の史書を編纂しようとされたのですから、紀・伝・志・表の四部門がそろってはじめて達成されることになります。これまで、酒泉様と佐治様はいたずらに修志、修志といいながらその編目を定めかねていました。編目が立たなければ志はどうして作ることができましょうか。書を抄録して編集しても、すべて無用のことになってしまいますから、老牛先生と大井様の議定は正しいと思います。しかしながら、その編目には増減がありますので、すべてが西山公の時のものではありません。いま志を編集しようとするのであれば、再検討しなければなりません。私は、このごろひそかに同僚と十志（志の編目を十としたこと）を考えましたが、それは下僚の小案にすぎませんし、公の命によったものではありません。

翌四年には神代様が総裁となり、さらに次の年には紀伝の命名に関する議論が生じたのです。試案は「大日本史」と「皇朝新史」でしたが、江戸史館が提案されたと思われる「大日本史」が採用されたのです。もともと老牛先生らは「西山公の時には命名されなかったのは紀・伝・志・表がすべて完成した後に、これを朝廷に奏上して、その勅により書名を賜ろうとされていたからである」と考えられていました。それを、粛公は時勢が許さないとして、江戸と水戸の史館に諮問し、ついに『大日本史』と命名されたのです。私はこの命名には疑問を感じておりましたので、同僚に書を送って西山公の意にそぐわないと論難しました。

この年の五月、老牛先生は藤原公宗伝を叛臣伝から出して、七世の祖であります公経の伝末に移したのです。これについてはすでにふれました。さらに十一月になりますと、総裁の大井様が粛公に代わりまして「大日本史の序」を作られました。私はかつて小宮山様から富田総裁の話として、「大井様が普段はあまり勉強されなかったが、その大井様が序の作成を命ぜられたのでみな懸念を抱いていた。ところが、でき上がった文章は素晴らしく感嘆敬服しないものはなかった」とお聞きしたことがあります。いま、読みましても簡潔にして、しかも格調高く、非常に素晴らしいものです。おそらくは、老牛先生の老練なる文章でもこれには及ばないかもしれません。西山公が愛された大井様の才能は、ここに見事に表出した、と申し上げることができると思います。

また、この月に「修大日本史例」ができました。これは「修史義例」を改名して、さらに大幅に増補したものです。翌月の西山公忌日には脱稿した紀伝が上呈されまして、そして廟前に献上されたのです。その儀式は老牛先生が担当され、大井様が神官を務められました。

十二 「論賛」の執筆

享保元年二月、老牛先生は本紀と列伝の「論賛《ろんさん》」の執筆を命ぜられました。「論賛」といいますのは、その人物の得失を論じたもので『史記』にも付されています。執筆は粛公から命ぜられたのですが、以後老牛先生は全精力を傾けて矢継ぎ早に、これを完成させることになります。まず、三月には本紀の神武天皇から允恭《いんぎょう》天皇にいたる九帝分が脱稿され、館僚の検討を乞われたのです。館僚たちはそのでき映えを賞讃しました。「論賛」の執筆ははじめ人選が困難でありましたが、相談の結果老牛先生が担当されることになったのです。日ならずして数編の「論賛」ができましたけれども、それはほとんど前もって草稿が在ったかのようでした。それほど早かったのです。史学に老練な人でなければ、到底このようにはいかなかったでありましょう。粛公のご下命とみなの意見とが一致して、真によくその人を得たということができます。

四月には安康天皇から持統天皇にいたる十二帝紀の「論賛」が、五月には文武天皇から嵯峨天皇にいたる十一帝紀の「論賛」ができました。九月になりますと、老牛先生は「論賛」の草稿を江戸に送って三宅様の添削批評を乞うています。三宅様はそれに応えて翌年十一月に「論賛駁語《ばくご》」一冊を江

大日本史賛藪

戸から届けております。私が小宮山様に聞いた話によりますと、老牛先生が「論賛」を三宅様に示された時「往年、貴兄は史館に在って栗山兄とともに修史の業に当たってきた。私は、ひそかにいつか「論賛」を執筆する者は栗山兄か、そうでなければ貴兄であろうと思っていたが、ところが思いもよらず貴兄は幕府に招聘され、栗山兄は地下の人となってしまった。菲才の私が、この任に当たるのは到底よくするところではない。いま、貴兄に添削をお願いするが、貴兄は少しも遠慮せずに自分が執筆するつもりで添削批評いただければ幸甚である」といわれたとのことです。いま、試みに「論賛」を取って三宅様の駁論と比較してみますと、往々にしてその指摘に従って改正しているところがあります。三宅様の批評はもとよりすでによくできておりますが、老牛先生の善に服して己を捨てる態度も見事であります。しかしまた、すべて三宅様の意見を採って文を為したために、かえって冗長になっている箇所もみられます。これは再検討しなければなりません。

　さらに思いますに、三宅様の駁語はわずかに清和紀までで終わっております。それからまもなくして歿していますので、その他に及ぶ時間がなかったのでありましょうか。その後また、室鳩巣《むろきゅうそう》様にも示しております。いま、室様の駁語が数条残っていますが、すべて列伝中の語に関するものです。

九月には淳和天皇より醍醐天皇にいたる八帝紀の「論賛」が、十月には朱雀天皇から後冷泉天皇にいたる十帝紀の「論賛」が、十一月には後三条天皇から高倉天皇にいたる十帝紀の「論賛」が、十二月には安徳天皇から亀山天皇にいたる十帝紀の「論賛」ができました。思いますに、本紀の「論賛」ができ上がる速さは「往復書案」にうかがうところでもかくのごとくです。列伝の「論賛」はその執筆年月を明らかにし得ませんけれども、要するに享保五年以前のことになります。

ただ後年、私は「論賛」が西山公の意思にそわないと考えるに至りまして削除することを提案し、採り入れられたことを付記します。

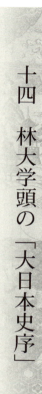

十四　林大学頭の「大日本史序」

享保二年九月、粛公が薨去され、成公宗堯《むねたか》公がお継ぎになりましたが、成公は修史の業をこれまで通りに進めるように仰せられました。翌年の六月、老牛先生は林大学頭《だいがくのかみ》に「大日本史序」の執筆を依頼されました。成公はこれを許可されましたが、私は編纂の趣旨は粛公の述べられたところにすべてが尽くされていると思っています。ですから、それ以上に付け加えることは何もありません。大学頭の文章は拙劣低級で、とても巻頭に載せるべきものではありません。当時、これを尊崇し金科玉条としましたのは何故でしょうか。

この序につきましては、実はもうひとつ問題が起こりました。さらに翌年、すなわち享保四年のことですが、この年の十月、老牛先生は編集上のある提案をされました。「菅原道真と藤原時平とが同じ伝であり、三善清行《みよしきよゆき》と藤原菅根《すがね》もまた同じ伝であるが（私が思いますに宝永年間に定めたことなのでしょう）、これは宜しくない。菅根は時平に附属させ、道真と清行は各自一伝を立てるべきである。しかしそうすると、列伝の数がさらに一巻増えて、林大学頭の序文に挙げてある巻数と異なってくる。これはどうしたものであろうか」と。総裁は答えました。「部分けの宜しくないところは改正しなければならない。しかし、林氏の序文もまたたやすく直せないとするならば、他の伝の短いものを合わせて、これまでの巻数を維持するようにしてはどうであろうか」と。

この老牛先生の提案に対して、私は以下のように思います。道真と時平を同じ伝に収めない方がよいことは小さい子供でもなお知っています。しかし、二公はともに当時の宰相であり、一挙一動が国家の盛衰に係わっていました。これを合わせて一巻としますならば、時の変化を見るに足りる、というのはもっともなことであります。菅根と清行はともに菅公に叛いて時平に与《くみ》しており、実際には同類の人物です。老牛先生は清行の文章に眩惑されてきちんとした君子とされましたが、それは誤りです。しかし、菅根を時平に付随させて、清行を一伝としますのはまだしも、いまの本では清行と菅公が同一の伝になっております。よく考えてみますと、それは巻数の合う合わない、足りる足りないの問題に固執したからにすぎないのでしょう。誠に不当なことです。

ここで、大学頭の序文にふれておきたいと思います。さきに拙劣低級と申しましたが、千字余りの文章で、幕府へ提出した享保進献本に付されたものです。冒頭に史書には詩・書・春秋の三体があることにふれ、それぞれを解説し以後の史書に及んでいます。ついで旧事紀・古事記以下のわが国の史書を取り上げ、中葉に至って世の衰えとともに編纂されなくなったことを述べています。後段に入って、いよいよ西山公の事績にふれます。西山公は学を好み善を楽しみ、史館を建て遺著を集め、歴史の書法を定め、制度文物を明らかにし、隠すところがないとします。いわゆる三大特筆に関しては神功皇后の后妃伝に収めたこと、大友皇子を帝紀に加えたことにはふれていますが、南北正閏論には及んでいません。さらに、列伝の部分けにふれ、後小松帝紀に叙述が終わることを述べて、本紀七十三巻、列伝百七十巻とし、大日本史と名付けたことにふれてその文章を評価しています。西山公については非常の人で、非常の功を成したとします。そして最後に、漢土が夏以後十七世、商以後三十世、周以後三十六世、漢魏以来は授受三代に及ばないとし、一方わが国は人皇即位後百王一姓であり、漢土は及ばないと述べています。このような国史の序文を認めることは責任極めて重いのですが、固辞し難く、蕪辞を連ねたことは汗顔の至りであるとしています。

この序文に列伝の巻数がみえていますが、これが清行伝や菅根伝を独立させることと齟齬し、当時新たな問題を引き起こしたのです。

十五　列伝の改訂と致仕

老牛先生の列伝に関する提案はまだまだ続きます。先に藤原公宗伝についてふれましたが、その提案は伝の改訂に直結しています。ここではまず、千任丸《ちとうまる》の一件から取り上げてみましょう。享保五年五月、老牛先生は千任丸を義烈伝からはずしまして、平伝（通常の諸臣伝のこと）に収められている清原武衡《きよはらのたけひら》伝の末尾に移しました。といいましても、武衡は武則の子ですのでその附伝としてみえるのみですが、兄武貞の子である家衡《いえひら》を助けて源義家と戦い敗れたことが記されています。その中に家衡の兵であった千任丸のことが述べられているにすぎません。それでは千任丸は義烈伝から除外すべきものだったのでしょうか。武則伝からその事績をたどってみますと、義家が清原氏を攻めて家衡が捕らえられた時のことがみえています。

「義家が柵を囲むと千任丸は楼から義家を罵っていうには、汝の父頼義は安部貞任に苦しめられ、その時わが将軍に名簿《みょうぶ》を提出して勅を請うて、その力によって賊を倒すことができたのではないか。故に汝はわが家の臣下なのだ。いま、恩を忘れて背くのであるから天の譴責は免れないぞ、と。義家は大いに怒った。」

「千任丸は捕らえられた。義家は命じてその舌を抜かせた。吏は手で為そうとすると、義家はお前は手で虎口に触れるのか、と叱った。そこで別の吏に命じて鉄の箸で歯を抉り、舌を抜き、樹枝に縛り、武衡の首を踏ませようとした。千任丸は脚を屈めてこれを拒んだが、力尽きて足は首に及んだ。」

この記述からうかがうところでは、十分に義烈伝に収めても遜色ない人物かとも思われます。

老牛先生は、六月にも提案しております。その内容は、「叛臣伝に源師仲と僧道鏡を載せ、それを藤原仲麻呂伝の末尾に付しているが、師仲はただ信頼の一党にすぎず、反乱の首魁ではないから、信頼伝に付するのがよい。叛臣において源義家に過ぎる者はないが、頼朝の父であるからやむを得ず叛臣伝には載せない。道鏡の悪は大であるから、よろしく別にその名を標すべきである」というものです。しかしながら、私にはこの説が理解できません。叛臣の子が始めて覇業を起こしたことには世道人心の大変化を見ることができます。義朝の罪はまことに誅罰をまつまでもありませんのに、頼朝のために憚るのはどうしてでしょうか。それでは、この書が覇府に媚びへつらう史書とするようなものではありませんか。叛臣・将軍にそれぞれの伝を立てるのは、これを信頼性のある歴史とするためなのですから、どうして憚るところがあるのでしょうか。

この月、老牛先生は成公に代わりまして「大日本史後序」を作りました。そして『大日本史』は幕府に献上されたのですが、問題が片付いたわけではありません。

翌享保六年五月、老牛先生は総裁にまたまた改訂を進言したのです。それは『足利治乱記《あしかがちらんき》』と『京極家譜《きょうごくかふ》』の引用に関してのことです。老牛先生は「南北講和のことはこの書物に拠っており、すでに論賛も作っている。しかしいま、細かく調べてみると、この二書はみな偽書の類であり、決して採用できないものである。日本史はすでに幕府に献上しているから勝手に改訂はできない。しかし他日、志と表ができた際には必ず改訂の機会があるだろうから、これを知らせておく」と告げざるを得なかったのです。老牛先生の苦衷が思いやられますが、苦衷はこれに止まりませんでした。紀伝が完成したといいましても、まだ志・表が残っていたからです。いま、その苦衷の一端を平野金華《ひらのきんか》（荻生様の門人で支藩である守山藩の儒者）様への書簡からうかがってみましょう。

「食貨・兵馬の二志編纂のために史料を蒐集検討し、日々閲覧に努めておりますが、『令義解』『延喜式』『類聚三代格』など、一事のみるべきものもなく、役に立たずよどんだもので退屈を免れません。しかし、これらの書を見なければ基本を立てることができません。たまたま古記や実録に参考とすべきものがありましても、始めだけがあって終わりがなく、一方では分かることがあっても他方ではくいちがうというありさまで、一事を研究するごとに必ず数部の書籍に当たらなければなりません。才能・学識が乏しいため、精神が沈滞し、ちょうど金もとろかすような炎暑のとき、かめの中に座っているようなものです。老境の私には本当に耐えられないのです。」

享保十八年三月、老牛先生は致仕し、十月に月俸十人扶持を給せられました。七十九歳でした。致仕の直前まで紀伝の校訂と志の編纂に心を尽くされたことはすでに述べましたけれども、再度その尽力と苦衷を百拙和尚《ひゃくせつおしょう》（京都宝蔵寺の禅僧、老牛先生の文章を霊元帝の御覧に供せられますと、帝は大いに嘆称されたと伝えられます）に答えた書簡から偲んでみたいと思います。

「夏、殿の命によって食貨志を編纂しました。先年、局を分けて兵馬と食貨の二志を編集して兵馬志を完成させましたが、食貨志は原稿を起こしてまだ数か月しか経っていませんのに、先代の殿の特命があり『烈祖成績』を編修しました。この書物は完成させて献上しました。殿は今春、優渥な恩命を賜り、致仕して引退することになりました。私は得意でいい気になり、林野の芳草の中に安息し、豆をかじり、水を飲んで悠々と余生を楽しもうと思いましたのに、図らずも依然として史局に繫ぎ止められ、文章を綴らねばなりません。思いますに、修史は難しいものですが、志を作ることはもっとも困難なことです。鄭夾際《ていきょうさい》（南宋の歴史家）は「江淹《こうえん》（南北朝時代の文人）がいうには、修史の困難は志に出るものはありませんと。まことに志は憲章の係わるところであり、典故に精通している者でなければ為すことはできません」といっております。異国の志にはほぼ参考とするに足るほどの文献資料がありますのに、史臣は難しいといっています。わが国では兵火を免れた古記録の断片は百に一つも存在しておりません。農田・賦税・庸調・徭役・糶糴《ちょうてき》（米を物色して売りに出すこと）・賑恤・銅鉄・銭鈔の起源や変遷の詳細は、まだその要領はとらえにくいのです。いわんや源頼朝が総追捕使となって以来、王制は一変し、法令はもっぱら武臣から出るようになり、昔の班田の制度で対処してもどうにもなりません。非常に苦しみながら資料を拾い集めることは、もはや私の手に負えることではありません。しかし君命は重く、敢えて怠ることなどは考えませんけれども、資料の探索と研究のために書を書く暇がないのです。」

ここにも、老牛先生の苦衷をうかがうことができます。家老たちは上梓のために志の未完成を憂慮しており、老牛先生にこれを質しております。それに対して、老牛先生はさらなる正確を期して紀伝の校訂を提案し、「志は時間があれば他の者でも可能であるが、自分は八十歳なので余命がいくらもない。願わくは総裁とともに最後の力を紀伝の校訂に注ぎたい」と返答されたのです。そこで、校訂は老牛先生と総裁に託され、疑問があれば衆議をへた後に、老牛先生の裁決を受けるようになりました。老牛先生は独見による加筆潤色をいましめ、公論を重視されたのです。それとともに重要な一文を認められました。

十六　検閲議

元文元年の冬、最晩年（亡くなる前年）ですけれども、老牛先生は「検閲議《けんえつぎ》」という文章を遺しています。これが先に述べました「重要な一文」です。この文章は先生の文集には収められておらず、百方手を尽くした結果ようやく長久保赤水先生のところで入手できたのですが、いわば老牛先生の遺言といってもよいものかと思われます。西山公の修史を考えるに当たって極めて重要な文章ですから、長くなりますが全文を紹介しておきます。

「日本史の上梓は間もないこととなりました。慶びはこれに過ぐるものはありません。皆様の校訂検閲の功績もまた大きいといわなければなりません。私が壮年の時、江戸史館において吉弘様、中村様、大串様、栗山様の皆様とともに編修の事業に参加した時のことであります。『栄花物語』などは極めて卑近なもので、しかもやわらかな国文で書かれ、女性の筆に成ったものですが、その難解なことは禹碑（禹が治水の時に刻んだという文字）や石鼓（周代の石刻十個から成る文字）の文章のごとくであります。当時、中村様と大串様とが同じ局にあり、ちょうど『栄花物語』の時代のことを担当しておりました。大串様はすらすらと解釈し、中村様はそれを文章としてついに各伝を完成しました。思いますに、大串様は傑出した才能の持ち主で、考証は精確、発明するところは敏捷で曽南豊《そなんほう》（北宋の人、唐宋八大家の一人）のいわゆる『古の良史は万事の理に通じて明るく、難解なるものの意味によく通じている』というのに似ています。もし天がもう少し長生きをさせてくれたら、日本史の完成は近年をまたずして終わっていたかもしれません。『大鏡』や『増鏡』にいたっては和文で書かれたもので、これを解釈することが甚だ難しかったからです。先輩の苦心はこのように周到緻密なものでした。ところが、校訂に従事する諸君は事実を研究しないでただ文章の簡潔さを求めて、簡単に筆さきで勾《かぎ》をつけて消し去ってしまいます。もし先輩が、これを見たら果たして納得するでしょうか。それとも腹の中でけなすでしょうか。

　およそ『史記』『漢書』以来、簡潔と称されるものはただ陳寿《ちんじゅ》の『三国志』のみです。しかし、あまりに簡略しすぎて詳しく述べられていません。ですから宋の文帝はその粗略さにあきたらず、裴《はい》松《しょう》之《し》に補注を作らせました。『新唐書』は事実の記載が前よりも増え、文章は前よりも少なくなっています。これは欧陽脩《おうようしゅう》や宋祁《そうき》らが上表して自ら称えたところですけれども、劉元城は事実が増え、文章が少なくなったことがまさに新書の欠点であると考えております。ですから、唐子西に敢えて道を乱るという語があり、邵伯温《しょうはくおん》に誰の頭を戴くのかという譏りがあります。そうであれば、歴史は簡潔であることが唯一なのではない、ということはすでに明らかなのです。このような古人の定見を妄りに改めるべきではありません。三善清行や紀長谷雄《きのはせお》はみな大文章家です。もし私がその時代に生まれたならば、せいぜい手洗いを捧げたり、枕の取り片付けをしたり、その残膏剰馥《ざんこうじょうふく》（残りもののこと）を

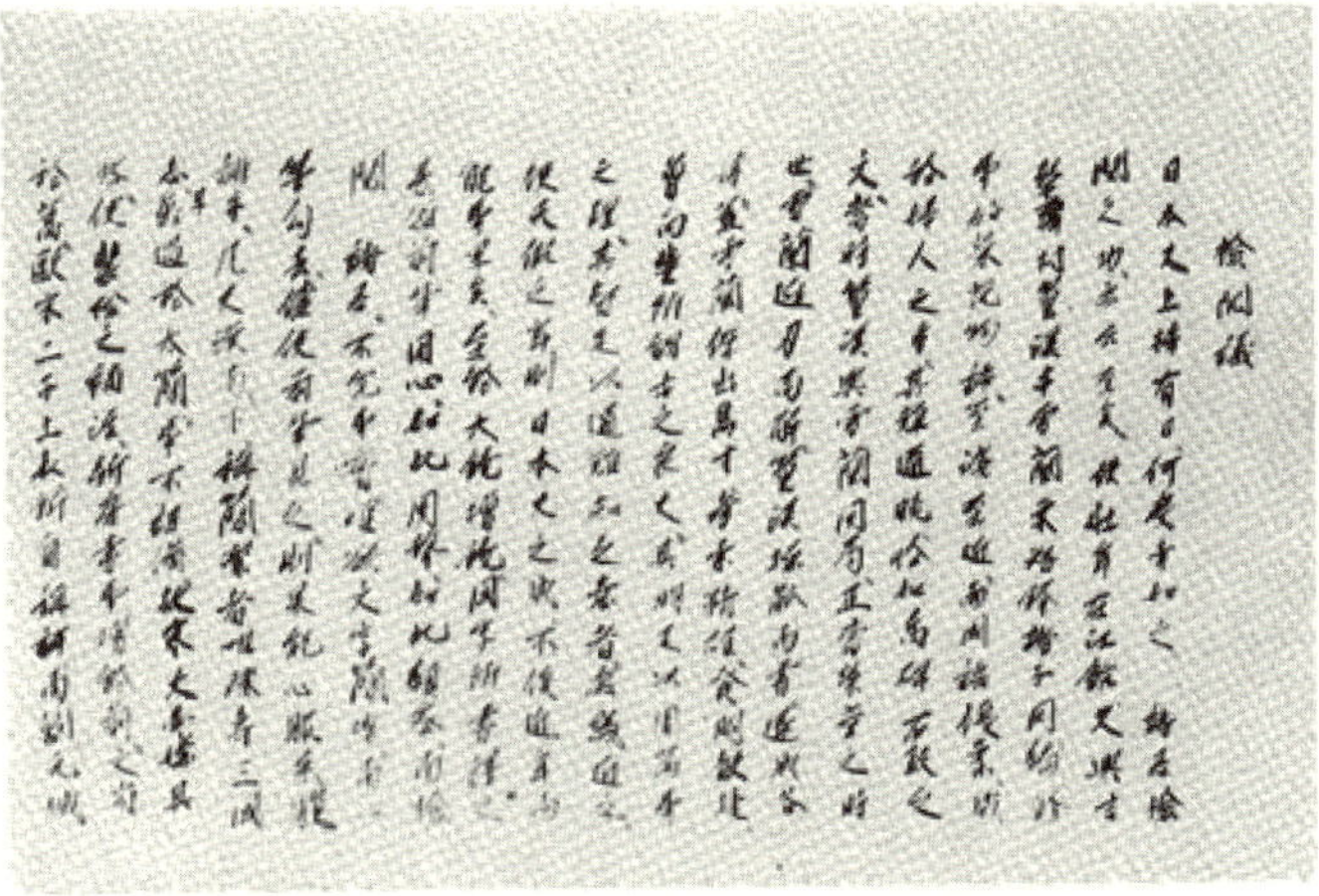

検閲議（「水戸史学」13号掲載）

頂戴できただけであろうと思います。しかし、気軽にその文章を改竄塗抹しようとしていますが、それは真に韓昌黎《かんしょうれい》（韓愈のこと）のいう蚍蜉《ひふ》（大蟻のこと）が大樹を動かそうとする（見識の乏しい者が自分よりすぐれた者を妄りに批判すること）の類であります。文章にはおのおの文体があり、序・記・書・論のようなものには諸君が自由自在に文才を発揮してよいのです。

しかし、日本史にはおのずから定式があります。義公の定めはきわめて厳しく、文を走らせ、辞を弄ぶことを許さず、務めて格実ならしめました。つねに史臣を戒めて仰せられたことは「むしろ繁雑であっても簡単にすぎてはなりません」ということでした。私はかつて平玄中《へいげんちゅう》（平野金華様のこと）への復書におきまして、ほぼそのことを述べたことがあります。また、諸君の付箋書をみますと、なかには伝中の月日を除こうとする人がありますが、これはほとんど誤りです。『晋書』の王濬《おうしゅん》伝に、「直ちに十五日をもって三山に至る、明十六日ことごとく領する所を率いて還って石頭を囲む、去る二月、武昌、守りを失う」というような表現がみえます。このように月日を記していることは一例にとどまりません。いやしくも、このように記さなければ当時の情勢をうかがい知ることはできません。ですから、義公は干支で年代を記すことを嫌われ、正確に日付を記させました。これは史書の正式な型ではありませんが、すでに『三代実録』にその例があります。

思いますに、日本史は『実録』と『資治通鑑』の体裁を参照しております。ですから、諸書を比較研究して異同をはっきりと区別しますのは、司馬温公の『考異』に似ております。これは義公の雅量であり、後世の良史に期待されたことです。いったい史書に無謬はないのですから、よくその誤りを正すことを為せばよいのです。たとえば、唐の代宗のとき「行営節度使馬璘の卒によく弓の重さ二百四十斤を引く者あり」というのがあります。これは『旧唐書』では「よく二十四弓を引く」と書かれています。しかし、これでは意味が通じませんから、温公は段公別伝に従って旧書は採らなかったのです。他の事については新書を採らず旧書に従っているところも非常に多いのです。古人の用心の公平さと正大さを知るべきでしょう。私はかつて居間に召されて、しばしば義公の御意を承ったことがありますし、修史義例の作成にもあずかったことがあります。それはいまを去ること四十年前で、恍として隔世の感があります。ただ恐れますことは、後世の若い皆さんが夢に義公を見ることもなく、これまでのやり方を変えてしまうことです。義公在天の霊はそれに安んじたまうのでしょうか。それとも拒否されて受けたまわぬのでしょうか。それは知るべからざることであります。これは一毫も私のためではなく、万死をもって公のためにいうのです。その可否に至っては総裁の裁定するところであり、私のあずかるところではありません。諸君がもし深く研究することに意を用いられるならば、願わくは明快に答えてほしいものであります。」

この「検閲議」を読みまして、私の思うところは以下のようなことです。享保以来、古文辞の学（荻生徂徠様の学派のこと）が江戸で盛んとなりまして、天下に風靡しました。この当時、史館の新進の方々もまたそれに惑わされました。その故に、文章を論ずるにも古人が苦心して心を用いたところを究めようともしないで、いともたやすく改竄しようとしていました。老牛先生の立派な言葉が、これを排斥していますのはまた当然のことではないでしょうか。

なお蛇足になりますが、伝えられる老牛先生自筆の文章は「義公」の文字で平出（改行のこと）してありますので、これも西山公への思いの表明であると思います。

十七　平玄中に謝する書

平玄中《へいげんちゅう》とは先にも紹介しました平野金華様のことです。荻生様の門人ですが、この平野様への書簡を紹介しておきましょう。それはこの書簡に西山公の精神が伝えられているからです。この書簡は文集に収められています。すでにふれましたが、「検閲議」にみえる平玄中への復書はおそらくはこの書簡のことではないかと思われます。大要は次の通りです。

「修史で一番困難だったのは史料が不足不十分なことで、もっとも頼るべきものは『日本書紀』以外にはありません。それは漢土の歴史からも材料を採っている上に筆力が雄健で、他書の及ぶところではないからです。『続日本紀』以下は日々の出来事を記しただけです。しかし、煩雑ですが事実においては他に求めるものがありません。『日本後記』は完本がなく、『類聚国史』の中にわずかの断片を見るのみです。『本朝世紀』も散逸してしまっております。『水鏡』や『栄花物語』の類は和文で難解です。王臣家の系図や日記は歴史の空白を埋める史料です。

義公は修史に当たり、厳格な法を立てられ、文章の修飾よりも実事に即した着実な記述を尊ばれました。常に史臣を戒めて「皇朝の史を編纂することは史臣だけでできることではない。後世必ず良き史家が出て、これを完成してくれるよう期待すべきである。だからむしろ繁に過ぎても、それは簡に過ぎるよりは良いのである。むしろ地味であり過ぎても、飾り過ぎるよりも良いのだ。毎事必ず出所出典を注記して、領域を越した立論は慎まねばならない。大空を羽ばたくような筆法はもっとも良くない。お化けを描くのは易しく、犬や馬を描くことは難しいことを反省すべきである」と言われました。

しかし、そうは言いましても義公の論法には卓然として不朽のものがあります。南北朝正閏の問題がそれです。天子としては両朝いずれも後嵯峨天皇の御子孫ですから、公は決して私心によって軽重を付けたのではありません。明徳三年に神器が南から北に帰御したことによりまして判断を下したのです。その他、興替盛衰についても十分に考察を尽くされました。神功皇后を后妃伝に列し、大友皇子を帝紀に掲げたことは世間が驚くことですけれども、それは必ずしも義公の創見ではなく『日本書紀』に基づいたにすぎません。ただ、書紀の書法では応神天皇六十年間のことが空白になりますから、神功皇后摂政何年というふうにしたもので、摂政はもちろん天皇として即位したのではないことをはっきりさせるためです。大友皇子の即位説は、すでに『懐風藻』や『水鏡』に明文があります。『日本書紀』に明記してありませんのは、編纂主任の舎人親王が父天武天皇の行動を直筆し得ない気持ちがあったからです。後世の人が大友皇子を叛臣として将門や純友と同じ扱いをするのは大きな誤りです。義公の特筆は、事実を挙げて道義を正し、名分を明らかにしようとしたからなのです。

降って中世（延喜・天暦以後）になりますと、外戚が朝廷の大権をぬすみ、倫理も風俗も乱れ、姦邪の臣が忠誠の臣にとって代わり、ついに陪臣が天皇の廃立をあえて行い、恐れ多くも遠島に遷し奉るごとき未曾有の大変が起こりました。これらのことには必ず由来がありますので、事に拠って直書し善悪自ら明らかになるようにするのが『大日本史』の方針です。ですから、世人はこの書を読んで義を知るようにすべきでありまして、秘蔵して公開しないのは義公の志ではありません。数百年間の汙隆盛衰を掌上に示しますように、『大日本史』が世に活用される日は決して遠くないと思います。これが昭代の亀鑑とされ、乱臣がこれを読んで革命の野心を捨て、賊子がこれを読んで反逆の輩が絶滅することになりますれば、これがまさに義公の願うところなのであります。」

先の「検閲議」にも古文辞学派との関係がうかがえましたが、この平野様への書簡からも明確に西山公が目指されたところが知られると思います。ですから、老牛先生は決して徂徠学派に泥まれたのではなく、進んで西山公の志を弘布されようとしたのではないでしょうか。実は私も、老牛先生の伝えられた西山公の志をわずかなりとも明らかにしたいと思いまして、「校正局諸学士に与えるの書」という献策において主張したところです。

実はこの他にも、老牛先生が西山公の志を伝達された文章はいくつか知られるのです。ここではもう一例を挙げておきたいと思いますが、それは「正脩に与える書」という一文です。正脩は後に総裁を務められます河合様のことですけれども、河合様は芸文志の編纂に当たられたようです。この書で老牛先生は史料としての書物の役割について述べられているのです。後段の大要を紹介しておきましょう。後段は前段で北畠准后《じゅごう》（親房公のこと）の著作や『古事記』にふれていたのですが、それを承けて『旧事記』について言及しています。

「先輩の皆さんは亡くなって、当時の詳細を知る者はただ私一人になってしまいました。かつて憲廟大成殿（憲廟は将軍綱吉公のこと）が建てられた際に、義公は七部記録を奉納されました。そして、自ら『旧事本紀』に跋文を記して述べられました。「旧本は伝わっておりません。後の人が旧名に仮託して牽強付会するところが多いのです。古来一人もここに注目して解決することがないのです。いま、諸書を参考として考察し、各条の上に掲げ、後世の人に馬子の旧本でないことを知らしめたいのです」と。また同じように『古事記』の跋文にも述べられました。「印本は虫食いとなり錯雑混乱しています。いま、卜部家の蔵本を基に日本紀等を参考として新しく筆写しました」と。今日、この二書は昌平坂の書庫に保存されております。それなのに芸文志では、これを斥けて採用していません。これでは義公が粗悪で実質のないつまらないものを奉納したことになります。大変遺憾なことです。私は、これらの史料は芸文志に採用し、貴兄の説の通りにすべきだと思います。これにつけて、かつて人見・吉弘・佐々・中村の皆様と『旧事記』を校訂したことを思います。督励し合って全精力を注いで研究しました。中でも、大串様は詳細緻密でその代表でありました。研究が完了しますと、義公は大変お喜びになり、跋文を書かれました。名越《なごや》様は数年来栗山様と館僚の間柄でした。栗山様の才能は大串様に劣るものではありません。『旧事記』を熟読して諸氏の説を批判し、一つの論文を著して示されました。その可否は相半ばするところであり、その主張は採り入れられませんでした。私は栗山様の主張に賛同します。いま、取り出して読んでみれば議論をせずとも、その是非は判明するでありましょう。」

七部記録といいますのは『旧事本紀』『古事記』『日本紀』『続日本紀』『続日本後記』『文徳実録』『三代実録』のことですけれども、これらを繕写して西山公が奉納されたわけです。ここにも、老牛先生が西山公の史料観を明らかにされていることがうかがえます。

十八　老牛先生の交遊

老牛先生は多くの優れた方々と交遊がありました。ここでは水戸以外の方々、たとえば室鳩巣様・新井白石様・荻生徂徠様（門人の方も含めます）との交遊にふれておきたいと思います。室様と新井様は老牛先生とほとんど同年代の生まれ、荻生様は十年ほど後に生まれていますが、老牛先生とともに当時の学界を代表する人物といえると思います。室様については先に藤原公宗伝に関して相談されたことにふれましたが、その他列伝の序についても批評を仰いでいました。以下には「室鳩巣の寿を賀する序」という一文を紹介しましょう。

この一文には序文があって、そこには以下のようなことがみえております。享保丁未《ていび》（すなわち十二年になります）の春、鳩巣先生は古稀を迎えられ、江戸の有志はみな詩文を送って祝っておりますが、私は東海の田舎におりますので盃を挙げてお祝いすることができないことを残念に思っています。ある者はこれを咎めていうのです。「あなたは長い間先生に目を掛けていただいているのに、お祝いの言葉が一語もないのはどういうわけか」と。私はこれに応えていいました。「あなたの意見はせまい。江戸は文人の海であって、先生を称えるに足る者は数にかぎりがない。今、先生のお祝いをするには詩文でなければ不可である。自分をみると、詩の体裁は弱く、その品格は卑しく、調べも良くない。文は材に乏しく鈍であり、雅やかではない。そこで黙っているしかないのである。自分は多くのことはできないが、ただ菊の栽培は三十年に及び、要領を得ている。あなたはしばらく待たれよ。自分はまさに為そうとしているのである。気候が変わって菊花はすでに開いているので、数枝を捧げようと思うのだ」と。続けて本文では菊花論を述べ、鳩巣先生の学識を称しつつ幕府での活躍に及び、それを菊が秋に在るに喩えてお祝いとしたのです。鳩巣先生の寿に対して菊をもって称えたところに、老牛先生ならではの思いをうかがうことができるように思われます。

　次に新井様ですが、その著作に関連して「本朝軍器考に跋す」や「東雅の序」を老牛先生が認められていることが知られます。新井様との交遊は三宅様を介してのことのようですが、この交遊にも先生の学識が十分に発揮されています。『本朝軍器考』はわが国の武器沿革史ですが、跋文には「壬寅《じんいん》（享保七年）の秋に借覧して一読するや、新井様の精確で該博緻密な叙述とし、先生の声名は内外にあふれ、文章は外国にまで広まっています。この書物がその一端にすぎないことは怪しむに足りません」と記されています。叙述内容に関しては、老牛先生の指摘によって改正増補された部分もあったようです。また『東雅』は言語論の書物ですが、序文は乙巳、すなわち享保十年に書かれたものです。二十巻に及ぶこの著述を一読するや、「和名抄」に倣った叙述は博引旁証、内外の書に及んでいることにふれ、その解釈の精緻なることを称えています。さらに鳩巣先生の序がすでに備わっており、自分が多言するところはないと結んでいます。また、老牛先生の『湖亭渉筆《こていしょうひつ》』には室様の序文が付され、新井様とはその記述に関して意見の交換がなされていますので、老牛先生・室様・新井様の三者にはお互いに交遊があったことと思われます。

さて、新井様とは『大日本史』に関連しても意見を交わされています。ここでは源義経の渡海伝説についてのやりとりを取り上げてみます。老牛先生は『吾妻鑑』にみえる義経の衣河における最期を否定する、という考えを抱いていたようです。新井様は老牛先生の渡海説について必ずしも賛意を表明したのではありませんけれども、史料の提供も受けて渡海説を一応は検討されたようです。老牛先生は蝦夷詞にも関心を寄せられていますが、新井様との文通により、ますます渡海説を棄て去ることには逡巡を覚えたようです。さすがに『大日本史』義経伝は渡海説を採用はしておりませんけれども、「論賛」には義経伝の割注をそのまま採った部分がみられ、「夷人が義経を崇敬し、神として祭ったのは理由のあることであろう」と述べています。なお、新井様は遺言して『采覧異言』の序文を老牛先生に依頼したほどですから、先生の深い学識を認められていたわけです。

最後に荻生様について述べておきます。荻生様とは書簡の往復が知られますが、文集にも数通が収められています。その中には「七覧題詠」を乞うたものや『蘐園随筆《けんえんずいひつ》』（蘐園は荻生様の号）にふれたものがあります。文章観にはお互いに相異があったようですが、文面には教えを乞う老牛先生の人となりが表れているようです。門人の平野様との交遊についてはすでにその一端にふれました。老牛先生は荻生様の学派と親密な交流がありましたけれども、その主張を全面的に採り入れたわけではありません。先生は荻生様の門人を招聘しようとも努められていますが、決して無条件ではなかったのです。

たとえば大内熊耳《おおうちゆうじ》様の招聘に際しては採用試験を行い、その学問をつぶさに勘案した上で取りやめています。大内様にしてみれば、水戸仕官には大いに乗り気だったようですけれども不首尾に終わったわけです。それは「検閲議」のところでもふれましたが、古文辞学への不審もさることながら、やはり西山公以来の水戸の学問との相違を感じ取られたからではないかと思います。

十九　館僚への送序

館僚といいますのは彰考館の同僚のことですが、館僚の皆様との交遊には切磋と後輩の方々の教導が伴っております。その中から老牛先生個人ばかりでなく、修史の上からも重要と思われるものに言及しておきたいと思います。元禄十五年、修史促進のために水戸の史館員の半数が江戸の史館に移ることになりました。老牛先生（時に総裁です。他に中村様と栗山様が総裁でした）は水戸に残りましたけれども、総裁の中村様、編修の鵜飼様・多湖様・佐治様などが江戸に移りました。老牛先生はこれらの皆様に序を送って修史を督励しました。とりわけ、中村様に送った序は修史上重要な内容を含んでおりますので掲げておきたいと思います。

「彰考館が設けられてから時が経つこと久しいものがあります。編纂に勤めなかったわけではなく、研究考証が精緻でなかったのでもありませんが、いまだに成し遂げていないのは何故でしょうか。考えてみますと、創立の際はその体裁を決めるのが困難であり、欠落部分の修繕は必ずしも容易ではないからです。わが国の古には編年実録の書があるだけで、分けて紀伝とし、類別区分するのは実にわが義公の創立するところです。古になかったものを今に作り出すのですから、体裁の困難はいうまでもないことであります。宇多・醍醐帝以降は実録もまた存しないのです。わずかに、家乗の徴すべきものと、物語・小説類の採るべきものがあるだけです。しかし、遺漏がはなはだしいのを蒐集して完全なものとするのですから、修繕が容易ではないのは当然のことです。至難の立場にあって容易ならぬ事業をなそうとするのですから、もとより老成した経験者が全力を尽くしてこれを担当するのでなければ、数百千年にわたる治乱興亡の事跡を一朝一夕にまとめあげることができるはずはありません。義公は広大な度量を抱かれ、督促することを求めず、つとめて博く考え、精密に選ぶことを求められました。館職の皆さんはその主旨に従い、その才を尽くし、歳月の久しく、すでに基準は定まっております。子伝(人見様)・子常(吉弘様)・子朴(佐々様)の方々は相次いで亡くなり、当時、ことを共にした者は夜明けの星屑のように少なくなってしまいました。先輩として宿望をにない、屹然として後輩の指導者である者は、ただ総裁篁渓《こうけい》先生あるのみです。今の綱条《つなえだ》公はよく義公の志をお継ぎになり、同僚を江戸の史館にお召しになって以前と同様に館を置くことになりました。ここにおいて、行く者があり、また留まる者があり、篁渓先生は真っ先にその命に応ずることになりました。行く者、留まる者、みなその所を得ない者はありません。さきに、いわゆる至難にして容易ならざることは篁渓先生がつぶさに経験し、ことごとくこれを心得ています。ここに、その容易なことを述べることをご容赦ください。

思いますに、本紀はその始めにもとづいてその事実と時を順次記します。義例はきわめて厳格であり、筆削は厳重にして、上は神武帝より、下は後小松帝に至る百王の本紀はすでに完成しております。

皇后や后そしてご子孫が隆盛繁栄されること、その賢愚の相違、善悪の交錯を記し、后妃・皇子・皇女の伝もまたすでに完成しております。いまだに完成していないのは文武諸臣の列伝です。しかし、桓武帝以前はすでにできておりますし、平城帝以後でもできた部分があります。表と志はしばらくおくとしまして、紀と伝を比べますと完成したのは六、七割であり、未完は三、四割のみです。いま、俊才の士があたかもその所を得て、楽しんで仕事をする機会とし、あと一息という勢いに乗じ、老成した経験者がこれを励まし引き立てますならば、風に乗って順流を下るようなものでしょう。これを容易なことというのですが、その通りではないでしょうか。そうはいいましても、百里を行く者が九十里を半ばとするとしますのは、末路の困難を勉励するものです。治承・養和の戦い、元弘・建武の動乱には、英雄並び起こり、州郡は分裂し、忠臣義士はその生命を捨てて顧みず、猛将勇兵の勇略は一世を蔽うものがしばしばでありました。政治的重要事件の豊富なること、智謀の偉大なること、太平無為の人物をもってこれを例とすることはできません。邪正順逆の弁別、人物の評価の規準はもとより存在しなければなりません。ですから、史筆の重要なることはまさにここにあると思います。源平の戦いのごときは水戸の史館が分担して修正修飾を行い、南北朝の争いは江戸の史館の責任です。そうして義公の精神と見識が千載をへても湮滅しないのは、思いますにまたここに理由があるのです。篁渓先生、よく勉められよ。この言葉をもって同僚である栗山様に語り、ともに力を合わせて尽力せられよ。そうして、私はあなたに告げるのです。この仕事を完成させることができれば、今この江戸行がどうして光り輝き偉大なものとならないことがあるのでしょうか、と。」

これにつけて私が思いますに、鵜飼様を送る序では精悍強敏ならんことを勧め、多湖様を送る序では学問の適用のことを告げており、その言葉はいずれも適切です。そして、中村様を送る序は修史の本末を述べることきわめて詳細でありますために、ここに特に採録したのです。佐治様を送る序のごときは、その姓名が古の直臣辛毘《しんぴ》（三国時代の魏の人です。字を佐治といい、文帝を諫めた人物として知られます）の名字と同じであることに因んで、全文を通じ直の字をもって論を立て、直筆をもって論じたのです。さらに名を顧み義を思うべきことを述べました。後に佐治様は総裁となりましたが、利禄に汲々とし、それを失うことを恐れるばかりでした。巧みに言葉を飾って続編の編修を請い、ほとんど西山公の経世の志を変えて阿諛《あゆ》の史書にしてしまおうとしました。この老牛先生の言葉に恥じ多いというべきであります。

二十　館僚の碑銘と祭文

老牛先生は先輩の方々の祭文や碑銘を書かれています。たとえば、人見様、大串様、佐々様、鵜飼様、中村様など総裁を務められました皆様ですが、ここでは大串様・佐々様・中村様に関して紹介してみたいと思います。

大串様は元禄九年十月に総裁となりましたが、翌々月に三十九歳で惜しくも亡くなりました。総裁に在ることわずかに足かけ三か月、実質一か月半に過ぎませんでした。老牛先生が選ばれました碑銘の概要は次の通りです。

「雪蘭居士、諱は元善《もとよし》、字は子平、平五郎と称しました。京都に生まれました。幼少より聡明絶倫で、一読しただけで暗誦し得たのです。十三歳の時、江戸に参りまして、義公がこれに禄を与えられ、人見様について学問せしめられました。経義を深く研究し、史書をよく咀嚼され、自らの力で理解し、議論ははるかに人の意表を衝くものでした。文才は鋭く豊かであり、人はみな出藍の誉れを称しました。すでに長じてから、彰考館の修史に携わりましたが、博い総合力と緻密な考察力によって発明するところが多かったのです。かたわらわが国の典故に通じ、言葉の意味が深遠で事実がとらえようのないものでも研究調査し、よくその要領を得て緻密な分析を行い、歴然と眼前に見るように描き出しました。今に至るまで史局の者が、その論著を見て精確さに驚嘆しないことがなかったのです。その編修に長ずることはほとんど劉道原《りゅうどうげん》（宋の歴史家）・掲曼碩《けいまんせき》（元の歴史家）の流れといってよいのです。義公はその才能を知って厚遇せられ、しばしば京都に派遣して書物を購求させました。参議公（綱条公）が襲封されましてから禄二百石を賜り、書院番に列し、元禄元年には抜擢されて小納戸役となり、修史を管掌されました。生来多病の質でしたが、ここに至ってますますひどくなり、仕事ができなくなって亡くなりました。」

佐々様は元禄十一年六月に、西山公に先んじて亡くなりました。年は五十九歳でした。碑銘の大要は次の通りです。

「十竹居士《じっちくこじ》は幼名を島介といいます。十五歳の時、妙心寺に入って僧となり、名を祖淳といいました。のちに立志論を著し、衣鉢を捨てて髪を蓄え、改めて宗淳《むねきよ》と名乗りました。字は子朴、介三郎と称しました。剣を杖として江戸に遊学しましたが、義公がこれを聞いてその志を壮とされ、藩庁を避けて近侍の臣とされました。やがて彰考館の修史を総裁し、四方に使いして書物を求め、その蒐集するところはもっとも多かったのであります。義公が致仕されましてから、参議公は抜擢して小姓頭とされ、西山荘に近侍せしめ、義公の優遇はますます厚かったのです。性質は磊落で剛直、細事に拘泥せず、表裏とも透徹して不可あればすなわち敢言し、公の顧問としてもまたそうでありました。博覧強記で譜牒に詳しく、史筆をとればよく疑義を裁決し、古今を広く貫いておりました。談論を愛し、好んで後進を推薦し、その推輓による者は十数人があり、名を為す者が多かったのです。よく酒を飲み、家が貧しくとも平然としておりました。晩年、十竹先生と号し、自伝を著しました。職は修史にあり、その功績が広く物にかかわることはなかったかもしれませんが、磊落として慷慨にあふれ、毅然として奪うべからずという風がそなわっておりました。いわゆる古の人とは、このような人をいうのではないでしょうか。」

中村様は正徳二年正月、六十六歳で亡くなりました。老牛先生は祭文を作って、その死を悼まれました。以下は、その大略です。

「ああ、伯行（中村先生の字）よ、私のこの悲しみの声が聞こえますか。義公が紀伝を創始された時、関西の英俊はみな江戸に集まりましたが、伯行、あなたはわずかに弱冠二十歳、沈静にして綿密、すでに老成の風がありました。以来、館職に従事すること四十六年、精練通達、漢の朝廷の老臣のごとくでした。事の疑わしいものはこれを明らかにして分析し、文の難解なものは解きほぐしてこれを平易とし、意味の込み入ったものは開いてなだらかにし、文辞の冗長なものは刈り込んで整え、髪をくしけずり、糸をつむぐように務めて事柄の堅実性を探究しました。その筋目正しい豊かな文才が文章にあらわれますと、すべてが渾然と包み込まれて余すところがありませんでした。慨然として修史をもって自らの任務としました。そして、義公とその後嗣である綱条公の恩顧はかわることなく、さらに総裁に任ぜられました。こうして、館職は大いに整いましたが、長い歳月の間には諸先輩は相次いで世を去り、伯行のみが毅然として独り残って後輩の模範となりました。しかも、優遇されて高い地位に勧められ、人の尊敬するところでありました。そうでありますのに、どうして今、世を去ってしまったのでしょうか。修史の体裁はすでに完成していますが、今後はだれがその仕事を締めくくってくれるのでしょうか。論序はいまだそなわっておりませんが、誰がそのきっかけをつくってくれるのでしょうか。表と志とは、誰がその発祥と指示を与えてくれるのでしょうか。義公の志はついに遂げることができないのでしょうか。天はどうしてにわかにわが伯行を奪ったのでしょうか。」

さらに、碑銘を作っていいました。「館に在ること四十余年、古今の事実を追求し、精練通貫して断簡蠹編《とへん》までを蒐集し、幽かなるを明らかにし、隠れたるをあばいて大いに史料探索に功績がありました」と。

以上の碑銘や祭文をみますと、この三総裁の方々には厚い尊敬と期待を抱かれていたことが知られます。とりわけ先の送序と合わせてみますと、同僚総裁としての中村様の修史における役割は、老牛先生にとりましても大きな支えであったことがうかがえます。

二十一　栗山様との交誼

栗山様は宝永三年四月に亡くなりました。時に総裁、年は三十六歳でした。入館以来老牛先生とは館僚として、さらには共に総裁として修史の業に邁進してきた間柄でありました。老牛先生の栗山様を悼む思いは「泉竹軒・佐竹暉両総裁に寄するの書」に如実に表明されております。少々長くなりますが、掲げてみましょう。

「往年、潜鋒栗山様は編修の余暇にひそかに諸家の記載を調べまして、後小松・称光・後花園の三帝紀を作り、名づけて『倭史後編』とよび、私に示して訂正を請うてきました。私はそれを熟読玩味しましたが、その考察の精密さ、努力の厳しさに感嘆し、他日その全文を見てから返却することを約束しました。それから数か月しないうちに、栗山様は病気に罹り遂に立てなかったのです。その後継ぎもまだ定まっておりません。私はその書物の散逸を恐れ、親友ということで保管し、何年も箱にしまっておいたのです。その書はほぼ本紀の体裁にならい、室町幕府の記述のところでは編年体を併用しております。すべての臣下の事績は、小は驕慢不法なるものから大は謀叛・弑逆にいたるまで、みな備わり書き記しています。その出典を注して参拠といい、その他を述べては支注といいました。議論すべきことがあれば、すなわち批評し断定しています。剴切透徹、いずれも事の要点を衝いています。その意図は帝紀は後奈良帝・正親町帝まで、将軍は義輝・義昭までを述べ、室町時代の盛衰を究めようとしたものですが、さらに拡げて後陽成朝に至るまで、もって信長・秀吉の興亡を述べようとしたのかもしれません。いまだそれを知ることはできません。不幸にして早く世を去り、その書は未完となり、わずかに完成したものもまた、脱稿というまでには至っておりません。蠅の頭のような細い字での訂正や抹消のあと、そのこつこつとした苦心のあとを見るべきです。当時、三宅様はともに校訂に携わっていましたが、その際にしばしばいいますには、「昼は館において、夜は灯りを掲げて反覆弁論したことでありますが、核心を得なければ止めようとはせず、私はすこぶる困惑しました。しかし、栗山様は平然と閲覧しておりました」と。それを聞く者の多くは、「栗山様が身体が弱いからどうしてこれに耐えることができるだろうか、若くして亡くなるとしたら、必ずしもこの著述が原因ではないとはいえないであろう」と思ったものです。しかし、私はそうは思いません。長寿短命は天命なのです。禍福はどうして紙くずの関わるところなのでしょうか。趙方（南宋の武人）がいっています。「いまだ一日死なないのならば、一日の規則を立てるべきです」と。栗山様はいまだかつて職を転じて別事に携わったことがありません。その心底の思いは、ひそかに皇統の本末を明らかにし、人臣の行動の隠れたところをあらいだし、もって将来の戒めとすることにありました。これまた彰考館の一日の規則であり、決して小さいことではありません。元の順帝が宋・遼・金の三史を撰修させた時、『遼史』はできましたが、宋と金の二史はいまだできておりませんでした。総裁の掲傒斯《けいけいし》は史館に泊まり込み、朝夕少しも休むことがありませんでした。そのために風邪で亡くなりました。そうして二史が完成しても傒斯はこれを見ることができませんでした。栗山様の死はこれと類するのではないでしょうか。よく勤めたというべきであります。

今日、たまたま続編を編修するという好機にあたっています。これは誠に栗山様の宿志を伸ばす秋《とき》です。ですから、その原稿を両兄にお届けし、参考としていただきたいと思います。後小松本紀、義満・基氏等の伝は本館において集大成されておりますから、私選の書物に拠る必要はないでありましょう。しかし、劉道原の『十国紀年』は、すこぶるよく司馬温公の『通鑑考異』に裨益しています。願わくは、お暇な時に、五行ともに下るの眼力によって通読し、取捨裁決されるに不都合はないでありましょう。称光院・後花園院紀、義持・義教・義政等の伝は今新たに編纂しますので、君臣の善悪、文武の成敗を交互に考え調べる上に、この書物がなんら補うところがないとは思えません。願わくは両兄が好意をもってこれを閲覧され、書記に一本を謄写させて、原稿は仮綴じして後嗣に付与し、手沢本として家蔵させ、写本は館の書架に入れて閲覧に供し、その評論部分は付して論賛とするならば幽界をかざり、その忠魂を表彰することになり、栗山様は地下ににっこりと喜ばれるでありましょう。」

これについて私が思いますのは、以下のようなことであります。栗山先生の学問と文章の大概は『保建大記』に明らかです。正大の論、雄健温雅な文章は人を推服して自らやまざらしめるものがあります。このような才能によって史書編修の総裁となりますのは、たとえば鋭利な小刀を用いて美し

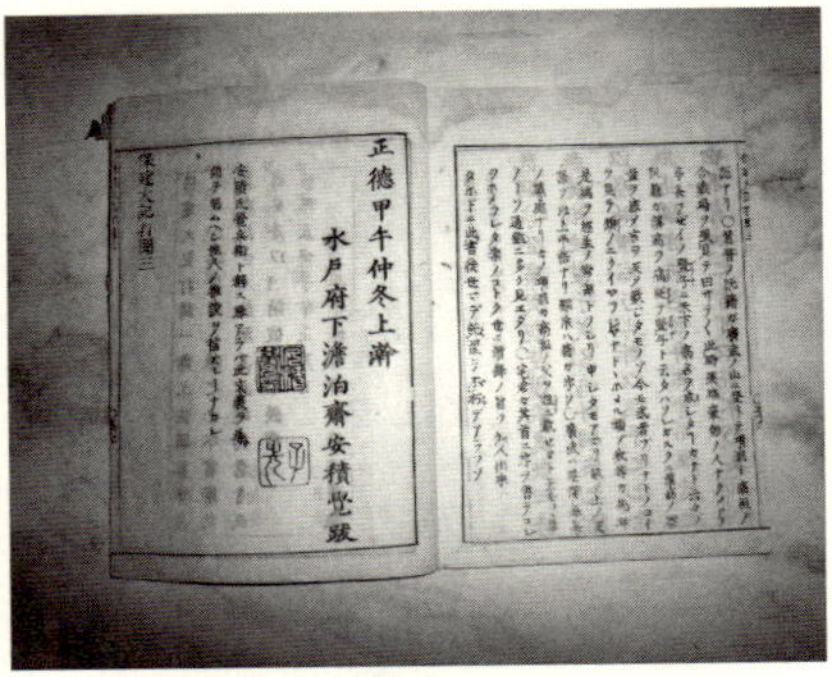

保建大記打聞（末尾の部分）

い錦を製作するようなもので愉快なことではありませんか。修撰の当時、先生は保元・建久年間のことに熟知しておられましたので藤原頼長・通憲の伝を作り、三宅様は中興のことについて詳しいので（かつて『中興鑑言』を著しました）楠木正成・名和長年の伝を作り、おのおのその力を注ぎ、その才能をつくしました。まことに目覚ましいことでした。惜しいかな、先生は早く歿せられ、全体の完成を見ることなく、部分けの議論や論賛の執筆にも与ることがなかったのです。後輩としましてただに遺憾なことであります。なんと不幸なことでしょう。『倭史後編』に至りましては、先生は余暇にこれを作られたものですから、綽々たる余裕であります。かの酒泉・佐治二総裁のように、ためにする議論ですけれども続編編修を建言し、歳月を玩びながら、生涯に一編の論文も書けなかった者とどうして同列に語ることができましょうか。

老牛先生が栗山様を高く評価することは以上の通りですけれども、老牛先生と栗山様と間柄を象徴するものの一つは『保建大記』に関してです。すなわち、老牛先生がその跋文を書かれていることです（序文は三宅様）。内容は八年前の酒泉・佐治両総裁に寄せた書と重複する部分もみられますが、もっとも重要なところは三宅様といろいろと討論された末に「神器の議はついに合わなかった」とされ、

「それはあたかも劉道原の正統論が司馬温公と合わなかったが、道原によって通鑑を成したごとくであった」と記されていることです。神器の議論については三宅様も序文に「議ついに合わず」と記されています。栗山様は神器の存否により正統であるかどうかを判断されたのですが、三宅様は神器の存否よりも道徳を重視されたのです。実は老牛先生も「論賛」に神器の軽重は人心の動向と関わり、人心があれば神器は重く、人心がなければ神器は軽いとの主旨を述べられていますので、三宅様に近い考え方かとも思われます。吉野正統の問題はいわゆる三大特筆の最重要問題ですけれども、その根拠に異見がありましたことは誠に遺憾なことです。私は治紀公に代わって「大日本史を進るの表」を書きましたが、そこには皇統を正閏するのはただ神器の存否に視ると加えました。これは西山公の遺志を推し量り、そして栗山様の論に深く傾倒したからであります。幸いに、公はそれをご採用になられたのです。

　先にもふれましたが『旧事記』の考察や政子伝の立伝についての議論などをみますと、若干の異論があるとしても、老牛先生が栗山様を高く評価されていたことは明らかといってよいと思います。

二十二　澹泊斎の記

ここで老牛先生と三宅様との関係を述べておきたいと思います。三宅様の文集である『観瀾集《かんらんしゅう》』（観瀾は号）に「澹泊斎の記」という一文が収められています。この文章がどういう経緯で書かれたのか詳らかにはしませんけれども、澹泊の意味にふれ、そして歴史上に意義付け、最後に老牛先生がその書斎の名称に採られたことを記されています。まず冒頭に、「澹泊は道の味であり、辛くなく、また塩辛くもなく、そしてうるおさず、さらに烈しくないもの」とし、「常にこれを用いるとよく精神を正し、胆志を壮んにする」と述べ、末尾のほうでは以下のように綴られています。

「諸葛武侯はよくこれによって自らを修めたのです。そうして、炎漢（火徳によって王となり漢王朝をたてたことに由来します）の衰えを起こして劉氏の命を延ばしたのですから、よくみるべきです。ですからその言うところは、澹泊でなければ志を明らかにすることができませんと。安積君はこれを採って書斎に命名したのです。君は、思いますに早くにその言を味わい、その味を好み、またその好むところにしたがったのです。必ずこれを得よう欲すれば、すなわち七年の病にして三年の艾《もぐさ》を求めるようなものです。審らかにこれを用いて、その号を虚しくしないのが君の志です。」

老牛先生の深い思いがうかがえますが、やはり史学に長けた先生ならではの号ということができるようです。

その他、三宅様とは「論賛」について意見を交わし、将軍伝を議論したことなど修史への尽力はまことに大きなものがあります。「本紀を読む」は総裁としての三宅様が作られた一文です。書写の誤脱があり、読めないところもあるのですが、大要はわかりますので掲げてみましょう。

「司馬遷・班固以来、本紀を作るにはその言動を述べまして左史・右史の記録をすべて含め、もとより各帝について一部始終を示すのには十分です。しかし、いたずらに編年繋日（年月日の記載）の方法を学ぶことだけを知り、褒貶の大義を簡潔な一字により断定するということでは曖昧に放置したままで学ぼうとはしておりません。ことばを巧みに連ねて事物を比較論評することが広がりすぎて乱雑になりますのは遺憾です。『五代史』になりますと、つとめて幽かで隠れたことを明らかにし、正道を助けて乱賊を抑え、真剣に『春秋』の筆法の旨を述べています。この点大いに他の史書を凌いでおりますが、本紀は帝王の伝ですからその史体は魯史と同じではないことを知らないのです。そうして、綱はありましても目がなく、曖昧茫漠として難解で、読者はどうしても各伝の方を求めて推定できるということになります。それでは紀として完全なものとはいえません。私は著者の欧陽修を遺憾に思います。」

これは、まさに知者の言といってよいと思います。本紀を刊修する者は、よろしく深く味わうべきです。

ところで、三宅様には「安積君墓碣銘《ぼけつめい》」という一文がありますが、これは祖父の正信様の墓碑銘ですけれども、末尾に老牛先生にもふれ「私と相知ること最も深い」間柄と記されております。徳田様の「行実」と並んで、安積氏の家譜ともいうべきものかと思われます。

二十三　烈祖成績

『烈祖成績《れっそせいせき》』は老牛先生の代表的著述で、享保十七年に成った二十巻の書物です。神祖家康公一代の伝記ですが、大井様の序文によりますと、執筆経過の大略は次のようです。

「成公（四代宗堯公）が祖宗の盛烈を欽仰され、政《まつりごと》の暇に侍臣に近世の諸史を読ませておりましたが、神祖のことに至りますと深く感激されました。時に老牛先生があり、博洽で最近世の軍記に造詣が深かったので、公は神祖の事績を蒐集し、一書をなさしめました。老牛先生は数年にして脱稿されました。二十巻あります。烈祖成績という名を賜りました。天文より元和に至る神祖の事績を年月ごとに叙述されました。諸記録類を余すところなく捜索され、考索し、浮華を削り、闕略を補い、誤りは正して論述を加えました。その考察は精確であり、博引旁証して神祖の偉大な計略を歴史上にみることができ、まさに一代の実録というに十分であります。」

また、『烈祖成績』には大井様の序文とともに老牛先生自らの序文があります。この序文は西山公の深意を伝えた重要なものですので、その大要を紹介してみましょう。

「春秋の義では尊王を重要なものとします。わが国では神武天皇が橿原の宮に即位されてより、

烈祖成績

代々受け継がれて天に代わって万機を理《おさ》め、律令格式を定め、刑罰賞讃、罷免昇進の規則など遺すところがなく、燦然として乱れることがありませんでした。ところが中葉に至りますと、天皇の権威は衰えて下々に移り、遂に陪臣が国政を執って君は蔑ろにされるようになりました。」

そして、足利氏の時代に及んで皇室はますます衰え、乱臣賊子が跋扈して応仁以来極に達したとします。ついで織田公・豊臣公が尊王を知ることになりましたが、誠から出たものではないとし、神祖に至ります。

「神祖は優れた武将で謀略は神のごとくあり、四方の争乱を平定し、多くの人々を救いました。真勇は大きな城に彰かとなり、大義は野戦に伸び、馬上に書を講じて儒学を興隆させました。天下が定まるに及んで諸侯を王事に従事させ、御所を修繕し、宮垣を修築して、作物を奉って祭祀を豊にし、古典を探り、旧い規則を復興し、公卿に進物を施して后嬪にも領地を頒かち、四海に平安をもたらしました。」

その神祖の事績の編纂を、先君成公が老牛先生に命ぜられたことにふれて「神祖の統一事業はあまりに偉大であるため、自分のような菲才の者の能くするところではないとされつつも君命を辞退することはできません」と述べられます。そして史料の蒐集と執筆の方針、ついでこの書に『烈祖成績』

の名を賜った旨を叙し、公亡き後、昼夜兼行で執筆し十五巻を為したというのです。さらに神祖の基業の大きさ、文教武徳の備わったこと、仁を本とした政治、恵沢の広く及んだことなどが、「果たして自らの狭い見識によって盛業を宣揚できたでありましょうか」と述べ、末尾に「王を尊ぶという大義を巻頭に弁ずるのみです。王を尊ぶのは太平の基を開くことであり、それが義公と粛公の、私どもを訓誡せられた理由なのです。私は、そのことを密かにあずかり聞いたのです」と結ばれています。

老牛先生のこの言葉は「尊王」の意義を伝えた重要なもの、と私は思っております。それは、春秋の義のもっとも重要なことは「王室を尊び名分を正す」ことにあるからであります。

ところで、『烈祖成績』の執筆に関して小宮山様が立原先生から聞いたこととして伝えている逸話がありますので、ご紹介しておきましょう。「家に書写の人が三、四人詰めていましたが、老牛先生が一夜にして草稿せられた量は翌日に書写すべきほどの分量に達していたそうです。晩年とはいえ、精力抜群であることがこのようなことからも明らかです。その博覧強記によって、神祖の事績をよく暗記せられていたために速やかな執筆となったのです」と。老牛先生の健筆さが偲ばれる逸話です。

二十四　老牛先生の史論

『烈祖成績』は老牛先生の近世史への深い造詣の成果ということができますが、ここで先生の史論について述べておきたいと思います。それが、さらなる近世史への深い造詣を明らかにすると考えるからです。その一端として、武田信玄についての史論を取り上げてみましょう。宝永二年の夏のことですが、老牛先生は瘧《おこり》を病んだ時、『信玄全集』を読み、その感慨を記録しました。瘧が癒えて職務に戻ると多忙を極めたために、全書には及んでおりませんが、先生の史論として珍重すべきものかと思いますので、若干を紹介してみましょう。

戦国の名称武田信玄も、老牛先生からみれば批判すべき点が多々ありました。まずは父信虎を逐って国主となったことです。先生はいいます。「孝は百行の本だから父を逐って自立することは、天倫にそむきその本を欠くことであり、その威厳が四方に及び、その名声が百世にとどろいても観るに足りません。あるいは人は、それは戦国の習いであり、たとえ親に不孝ではあっても祖先には孝であり、非難すべきことではないのだというかもしれません」と。しかし、老牛先生は世子たる以上、義を講じ、敬と孝を起こし、子たるの道を尽くすべきなのだとし、漢土の古典を引きながら父に叛するにいたっては、百戦百勝してもその罪を贖うことはできない、と結んでいます。

次に、信玄が諏訪頼茂の女を妾としたことについてです。これには重臣である板垣・飫富《おぶ》・甘利等が反対したにもかかわらず、軍師山本勘助が賛成したのです。山本は万一子が生まれれば諏訪家の再興が可能となり、それを彼等は喜び、永く慴伏するだろうというのです。信玄は山本の意見を採り入れたわけですが、これは邪にして入りやすい考えであり、三将の言は正にして用い難いということだった、とします。それは君の悪への迎合であり、武田を滅ぼしたのが勝頼（母は諏訪氏の女）であるから、山本の罪は逃れられない、と評しています。

澹泊史論

また、子息である義信の悖逆については、信玄の父としてのあり方を非難しています。義信の自殺は悖逆によるものであって、天地の入れざるところであるが、その本心は信玄のみが啓かせることができたとします。それは旦夕に補導すれば不義に陥らしめず、父子相損なうの残酷には至らなかったのではないか、と推察されたからです。信玄は子として不孝、親として不慈であったが、災いが身に及ばなかったのは幸い、とも記します。誅された兵部兄弟は驍将であり、終わりを全うすべきであったとし、公忠というべきであって冤罪ではないか、と評しています。

合戦についても多くの批評があります。韮崎の戦い、信方の敗、戸石の戦い、上田原の戦い、川中島の戦い等を論評しています。全体に山本勘助の知略を高く評価していますが、中には勝ちになれ敵を軽んじることを戒めとしつつ、漢土の史実からの類例を引き評していることは、さすがに老牛先生ならではのことであります。

老牛先生の史論は武田信玄にとどまらず、浅井氏をはじめ元亀・天正に至る戦国武将に及んでいますので、このように近世の史論に造詣深いことが『烈祖成績』執筆の下命となったことは認められてよいと思われます。

二十五　老牛先生と太田氏

老牛先生が、歴史家として家譜を重視し関心を寄せられたことは余りにも当然のことです。ここでは「太田氏家譜序」を取り上げてみたいと思います。それは老牛先生の近世史研究を探ることにもつながり、また太田氏が神祖及び西山公と密接な間柄にもあるからです。この文章は『澹泊斎文集』に収められています。老牛先生の文章を直に味わうために、全文を二段に分けて掲げてみましょう。まずは前段です。

族譜の講ぜざるべからざるや尚し。譜明かならざれば、則ち族親しまず。族親しまざれば、則ち彝倫斁《やぶ》る。故に古人往々族譜を作り、以て祖先を彰はす。亦憲を子孫に垂るる所以なり。静軒君は、閥閲の家に生まれ、太田氏の冑と為る。其の考空山君は、英勝院夫人の従姪なり。大考源七郎は、嫡長たりと雖も、病て仕ふる能はずして、本藩に寓す。弟道顕公は、器局あるを以て、大に門戸を興し、四朝に歴仕して、方面の任を受く。考に於て叔父為り。故に考を視ること猶子のごとし。考才能あり。儀容秀潤、宜しく幕府に在りて枢要を管轄すべし。而して本藩に仕る者は大夫人の志なり。

大夫人、威公を鞠育《きくいく》して、恩所生に埒《ちか》し。故に義公敬て之を慕ひ、老に至て弥篤し。覚、西山に近侍し、親しく其の事を見ること猶疇昔《ちゅうせき》のごとし。君、威公の外孫を以て、粛公に傅《ふ》たり。操履端正、政事を与聞せり。老を告げて致仕し、慨然として家譜を作るに志あり。故に府僚生熊長守、及び覚をして世次を撰定せしむ。上は氏族の由て出る所を標し、中は道灌公の武功を記し、下は大夫人の事迹を述べ、以て道顕公の勲績を彰し、子孫をして世忠貞に篤く、而して家声を墜さず、永く本藩と其の休戚を同ふせしめんと欲す。亦美ならずや。

多少の語釈を加えながら文意を確認しましょう。「静軒君」は「太田静軒寿蔵碑」にもみえますが、諱を資真といい、「閥閲」すなわち名門に生まれ、「冑」すなわち跡継ぎとなりました。「考空山君」は父の資正のことで空山は号です。「英勝院夫人」は静軒の曽祖父重正と兄妹の間柄となり、水戸藩祖頼房公の養母となられた方です。「大考源七郎」は静軒の祖父正重のことで頼房公に仕えましたが、それを「本藩に寓す」と述べられています。「弟道顕公」は正重の弟資宗のことで、道顕はその号です。英勝院の養子となり、「四朝に歴仕」すなわち四代の将軍にお仕えしました。「考」は父のことですが、空山すなわち資正は、「大夫人」すなわち英勝院の薦めによって本藩（わが水戸藩）に仕えることになったのです。「君、威公の外孫を以て」は父資正が西山公の姉（三女）を娶られましたから「君」は威公の外孫に当たることをいうのです。「鞠育」は大切に育てる、「疇昔」は昨日の意です。「君」すなわち「静軒君」に「家譜を作るに志」があって「生熊《いくま》長守」と「覚」すなわち老牛先生にその撰録を命ぜられたのです。「生熊長守」は長勝—宗三—長弼（宗三の五男）—長守との系譜が知られ、享保五年に近藤卿衛門忠久様と共に系纂司を命ぜられた方です。長守様と老牛先生によって撰録された家譜は、上中下から成り、それによって子孫が厚い忠貞と家の名声の維持のために役立つこと、そして休戚(喜びや悲しみ)を本藩と共にすることを願っていたのです。

続いて後段です。

覚、往年東都に在り、嘗て道灌公の像を金剛寺に拝す。遺風余烈、人をして欽仰せしむ。辛丑の災、忽ち灰燼《かいじん》と成る。而して野録叢説、公の事業を載するもの、率ね舛誤《せんご》多し。故に今釐正《りせい》して之を筆削す。庶くは覧る者をして以て其の智算英略、一時に傑出して、而して含雪泊船の隆盛、天壌とともに敝れざるを知らしめば、則ち像亡ぶと雖も、而も猶存するがごときなり。君、覚をして巻首に弁ぜしむ。固辞すれども允《ゆるさ》れず。区々の心、竊かに謂らく、君の此挙、彜倫《いりん》を叙し、以て九族に敦うす。誠に古人親を親しむの義に合ふことあり。貽厥《いけつ》の謀、深遠にして周摯《しゅうし》と謂ふべし。故に其の請に因て之を叙す。

ここには老牛先生の回想と序執筆の命を受けたことが記されています。「覚」はいうまでもなく老牛先生のこと、「東都」は江戸です。「金剛寺」はかつて芳林院といいましたが、そこに蔵する「道灌公」の像を拝見したわけです。その像は「辛丑」すなわち享保六年ですが、火災で焼失してしまいました。三月四日のこととなりますが、老牛先生は消失前の由緒ある木造を拝することができたのです。「野録叢説」は野史などの民間の書、「舛誤」はくいちがいのこと、「含雪泊船」は城中の館で東の泊船軒、西の含雪軒を指します。名称は建仁寺の僧正宗龍統によるといわれますが、元来は杜甫の詩

「窓には含む西峰千秋の雪、門には泊す東呉万里の舟」が出典かと思われます。南は静勝軒は道灌の居室ですが、五山僧漆桶万里の「静勝軒銘並序」に「江戸城の営中、燕室有り、静勝と曰ふ、西は含雪と為す、静勝の二字、尉繚《うつりょう》之秘策に見る也、其の詩云く、兵以て静勝、国以て専勝矣」とみえています。尉繚は人名で戦国時代の兵法家です。「彝倫」は人の常に守るべき道理、「九族」は九代の親族、自らを基準に先祖と子孫をそれぞれ四代を指します。「貽厥の謀」は子孫のためのよい計画、「周摯」は行き届くの意です。

　老牛先生は静軒君についても「太田静軒寿蔵碑」という文章を書かれていますが、その中に「君禀性謹慤《きんかく》、沈重にして風度有り。挙止観るべし。間退事を謝すると雖も、屹と府下元老と為す。今茲《ことし》、君年七十六に届て、神志衰へず。予て碑を本法教寺先塋《せんえい》の側に建て、覚をして粗其の履歴を書せしむ。蓋し寿蔵の制に倣ひ、以て余年を楽しむ。亦古人の志なり」と記しています。太田氏は江戸を開拓した道灌の子孫ですけれども、その縁の方を神祖が登用され、わが藩にも大きな役割を果たされたことを老牛先生は見事に綴られています。『烈祖成績』の執筆を命ぜられたのも宜なるかな、と思われます。

二十六　西山公への思い

老牛先生が西山公の遺志を後世に伝達しようと努められたことは、これまでに述べたところからも十分にうかがえるかと思います。西山公の遺志の伝達といいますのは老牛先生の西山公に寄せる思いでもありますから、この話の最後にもう少し振り返ってみたいと思います。西山公が年少時より和文や和歌、そして漢詩など文芸に大きな関心を寄せられていたことはよく知られておりますが、老牛先生はこの方面でも後世への伝達に努められています。その一端を、まずは「磐船山法会詩歌序《いわふねやまほうえしいかのじょ》」という文章からうかがってみましょう。

この文章は大きく三段に分けることができますが、第一段には磐船山（大洗の願入寺の立地するところ）の景勝を眼前に展開するがごとくに述べています。第二段には西山公が梵宮すなわち寺院を復興し、その名刹の法統を嗣ぐために京から如晴上人を招いて中興の鼻祖とし、西山公と上人との優渥なる交流が詩と和歌をもって維持されたことを語り、その談論風采を見聞したことがみえています。第三段には西山公亡き後、上人は東海の浜に寂寥乎として悲悼し、公の忌日に会を設け、文雅の士を招き、詩歌を作って慰められ、そして梵鐘の音とともに流風遺韻を想ったことを記し、十七年の歳月を経て、その詩歌が累積して一巨軸となったので、上人は老牛先生に序を作らしめたことが綴られています。さらに「西山公と上人の恩頼を蒙っておりますのでお断りすることはできません。時が経てば感激も思慕もうすれてしまいます。曾子がいっています。親の喪にその礼節を尽くしますならば、民は厚い徳をもつようになります、と。儒教と仏教は教えということでは一つです。大乗の教えは倫理であって、上人の忠孝は世俗を励ますものです。それはあたかも磐船の岸壁に卓絶し、激流の中に動かないのであれば西山公の宿志を償うことになるでありましょう」と結ばれています。

ここには西山公が愛された大洗の地を如晴上人の徳とともに、風流文采をもって述べられています。願入寺における西山公の風流文采の心は、「和歌披講の記」という安藤抱琴様の流麗な和文にも記されておりますが、ともに西山公の文芸への関心をうかがうことができます。

もう一例をあげておきましょう。それは詩余《しよ》についてです。詩余は単に詞ともいいますが、長短句からなる韻の一形態のことです。老牛先生には「義公の詩余軸に跋す」(享保九年ですから七十歳ころの作)という一文がありますが、それには次のように記されています。

「詩余は宋元では盛んでしたけれども、わが国では解する者が少なく、ましてや作る者はいませんでしたが、義公はひとり好んで作られた。多年工夫されて遂にその道理を得られましたが、私にはその巧拙がわかりません。往年圭斎藤君(進藤大和守泰通様)が一品大王(後西天皇の皇子幸仁親王様ですが、西山公の哀文夫人は後西天皇と従兄妹の間柄になります)西山に使いした際、義公はたいそう歓ばれて別れに詩余を作って餞とされました。君はこれを表装して軸となし、私に跋を書かしめたのです。当時近侍しておりましたが、そのことを想いますとほとんど三十年になります。詩はよく人の性情を述べますが、詩余にはいっそう深いものがあります。」

なお、この時贈られた詩余は「接賢賓詞」「望江南詞」と題する二首で『常山文集』に収められております。

西山公の詩余が注目されることは少ないようですけれども、西山公がひとり、これを好み作詩に努められたことが知られますのは極めて貴重なことかと思われます。

このようにみてきますと、老牛先生は西山公の遺志、それは学問精神といっても、あるいは修史精神といいかえてもよいのですが、そして人となりを折にふれて書き残し、後世に伝えられたということができます。いわば老牛先生は西山公精神の伝達者でもあったのであり、そこに「西山公への欽仰の風を起こす」という老牛先生の大きな役割をみることができると思います。

二十七　老牛先生の逝去

老牛先生は紀伝の校訂を完了し、すべてを書写して刊行の運びとなりました十一月二十日、銀十枚を賜り褒賞を受けました。やがて、十二月六日病に臥し、ついに十日水戸の梅巷の自宅で亡くなりました。年は八十二歳でした。門人の徳田庸様が「澹泊先生を祭るの文」を作りました。その大要は次の通りです。

「むかし、義公が史館を開いて修史事業を起こされましたのは先生の生まれた翌年のことでした。ここにおいて学問興隆の時に遭遇し、心を歴史書に潜め、強記博覧、才能の広大さは広々とした丘のように測り知れず、その発露は泉のように尽きるところがなかったのです。かたわら魯魚の誤りを校訂して、今を極め、古をはかり、物語・小説といえども研究して折衷の材料としました。その手沢の存する書物は書庫に充ちております。焔の中の純金のように確乎としており、激流の中の砥柱のように動くこともなく、ついに不朽の大著を成し遂げたのは先生の力によります。その功績は容易に数えることはできません。近年、印刷刊行の命があり、再び校訂に加わり、朱筆と墨筆を交互に走らせてその矛盾を正し、その仕事はすでに完了しましたが、すべて適正を得た校訂で書写も終わろうとし、版に刻するのも間近いことでした。ああ、修史に先んじて生まれ、その仕事を終わって歿しました。これは天が至誠を感じたからでありましょう。義公は一輪の月に譬えられました。ああ、哀しいかな、先生はその功を成し遂げて世を去られました。公事をもっぱらにし、私事を顧みられなかったことは非常なものでありました。それに加えて、先生の病臥の日が義公の忌日に当たっていましたのは、義公が先生を召して修史の完成を訊ねようとされたからでしょうか。黄泉の世界にあろうとも、何とその信頼の篤いことでありましょうか。云々」

安積澹泊の墓碑（常磐共有墓地）

ここにみえる「一輪の月」といいますのは、西山公の詩の一句に「仰ぎ見る、文苑一輪の月」とありますが（『常山文集』巻の十五にみえています）、これは老牛先生が夢の中で得た「野水月縦横」の五字から西山公がくじにより選ばれた月の字を用いて賦したものです。この時、老牛先生は水の字を用いて詩を作られました。君臣相和す様子をうかがうことができます。

さて、この祭文につけて思いますのは以下のことです。老牛先生の史館における偉大な功績はまことに卓越して盛んなものです。「修史に先んじて生まれ、その仕事を終わって歿しました」のは偶然のことではありません。「論賛」の作は古今をとらえ、広く和漢に通じたものです。他の人の場合に知識が該博でないことが病ですけれども、老牛先生の場合は逆に該博しすぎることが病なのです。今日、改めて校訂が行われ、実に百年にして論定まらんとする時、先生をこの世に呼び起こすことができないのは誠に残念なことであります。

最後に、老牛先生の人となりについて少しくふれておきたいと思います。老牛先生は背が高く、声が大きく、偉丈夫でした。時には街に出て年少の者たちと踊りに興ずることもありました。仙湖に臨んだ邸内に碧於亭《へきおてい》を構え、永らく菊花を愛翫して自らを癒やされていました。晩年に用いられた老牛の号は『後漢書』の楊彪《ようひょう》伝にみえる故事に拠られたものです。それは子息が曹操によって殺されようとしていた時、操が彪に「汝は何故にそんなに痩せているのか」と問いますが、それに対して彪が「先見の明が無いことを愧じ、また年老いた牛が愛する子を舐めていることを思っているからです」と答えたところ、操はこれを改めたというものです。老牛が子を愛することの譬えなのですが、先生の長子が故あって放逐されたことにより、この号を用いられたとのことです。老牛先生のご子息に対する愛情をうかがう一事ですが、かつて私を先生の後嗣にとの話がありましたことに思いを致しますと、感慨ひとしおなるものを覚えます。

あとがきにかえて
―『澹泊斎文集』の考察―

『澹泊斎文集』は『続々群書類従』に収められておりますが、安積澹泊研究の根本史料です。しかしながら、その成立に関しては疑問点が少なくありません。そこで甘雨亭叢書（甘雨は板倉勝明の号）『澹泊史論』との比較検討を試みながら、いくつかの疑問を提示してみたいと思います。『澹泊史論』は安中城主板倉勝明が刊行した三冊の木版本です。題簽には上（昃《そく》）中（辰）下（宿）と記されており、上巻冒頭に「澹泊安積先生伝」と下巻末尾に「書澹泊先生史論後」という一文（ともに勝明によるものですが、後者には弘化三年丙午後五月朔との日付があります。後は閏月だからでしょう）が収められています。「澹泊先生史論目録」の構成は次の通りです。なお、括弧内は『続々群書類従』中「澹泊斎文集」の収録巻数を示しています。

上巻

帝号議（巻一）　帝号義例（巻二）

帝大友紀議（巻四）　二宮考上（巻四）

二宮考下（巻四）　神功皇后論（巻四）

井口弾正義氏　（巻五）　赤尾清綱対久政　（巻五）
久政殺大橋秀元　（巻五）　久政議長政与信長結婚　（巻五）
遠藤喜右衛門直継　（巻五）　安養寺三郎左衛門経世　（巻五）

付録

擬策問
致藤執政書二首　（巻三）　謝平玄仲書　（巻八）
寄泉竹軒佐竹暉両総裁書　全文録于倭史後編後　（巻三）　復山混斎書　（巻一）
書僧高弁語贈藤執政　（巻三）　答中根重玄書　（巻七）
答百拙和尚書　復平玄仲書
送村篁渓之江戸序　（巻一）　跋今井魯斎弔楠公文　（巻一）
源流綜貫序　（巻八）　太田氏家譜序　（巻八）
続有職問答序　貞婦伝序
鳥居寿軒家蔵文書記　（巻一）　書大石家譜後
跋分門入室図　（巻六）　読焚椒録　（巻四）
擬豊太閤討明智光秀檄　（巻一）

都合六十四編の文章が収録されていますが、大きく『大日本史』編纂に関するもの、序跋、史論、書簡に分類できます。この目録のうち「寄泉竹軒佐竹暉両総裁書」は「全文録于倭史後編後」という注記の通り、同叢書中の『倭史後編』に収録されていますから省かれております。「澹泊安積先生伝」によりますと著述として「澹泊斎文集八巻」がみえていますが、巻末の「書澹泊先生史論後」には「乃ち抄録して二巻と為す」とありますので八巻から抄録して二巻編成としたのでしょう。

ところが清水正健氏『増補水戸の文籍』中「澹泊斎文集」の項には、次のようにみえております。

凡十八巻。十巻は文にして。八巻は詩なり。其の中文八巻は。明治四十二年。続続群書類従に収められて。活刷成る。是より先き。安中城主板倉氏。史論に属する文を抄出して。一冊となし甘雨亭叢書中に加へて。既に刊行せられたり。（傍線は筆者）

そうしますと、『続々群書類従』収録の「澹泊斎文集」（以下、類従本と略記することがあります）には文二巻相当が収録されていないこととなり、元来八巻なのか十巻なのか、不明としなければなりません。仮に文が十巻としますと、目録にみえるほとんどは「澹泊斎文集」に収録されていますけれども未収録のものも存在しますので、それらは残りの二巻の部分に収録されていたということにならざるをえませんが、勝明が参照したのは八巻本です。

ところで、「検閲議」（『幽谷全集』一一〇頁及び『水戸史学』第十三号収録）のように重要な文章でも収録されていない場合があります。いま仮に未収録文が二巻部分に収録されていたとしますと、元来の「澹泊斎文集」は史論・序跋・書簡の分類がきちんとなされていたとはいえないことになります。大内氏に関して論じた「瓢箪」などは当然にして巻五（少なくとも巻四）に収録されてよいはずだからです。

もう一例をあげましょう。上巻に収める「記直江兼続事」は「澹泊斎文集」には未収録ですが「此文、白石紳書所載、偶以附于此」との注が付されています。確かに「白石紳書」巻八にみえる一文なのですが、「白石紳書」そのものが果たして新井白石の著述といえるかどうかは今日疑問視されています。「白石紳書」のこの条には「己亥五月鳩巣より来る、水戸史館総裁安積覚兵衛より見せ来り候事の由、覚書文章に」との文に続いて「此文」がみえ、その後に「此文章家の談、時勢を知らざるの言なれ共、兼続が全詩をくはしくここにしるす也。我蔵に兼続が和漢聯句百印員有。其詩才有し疑ふべからず」と記されています。「己亥」は享保四年でしょう。この年にはすでに澹泊は総裁を辞任していましたが、澹泊から鳩巣を経て白石に伝わったのでしょう。「澹泊史論」の編者は白石の著として「白石紳書」に収めるこの一文を採用したわけです。そうしますと、あるいは二巻部分には収められていたかもしれませんが、八巻部分には収められていなかったことになります。

いずれにしましても「澹泊斎文集」未収録文がみられることは『澹泊史論』の意義を高めるものとはいえましょう。なお、井川巴水氏『漢和両文大日本史論賛集』（大正五年）の附録には『澹泊史論』が収められています。

○

続いて「澹泊斎文集」の概要をみてみましょう。「澹泊斎文集」はすでにふれましたように八巻本ですが、末尾に「右澹泊斎先生文集八巻、寛政壬子秋九月、謄写校合卒業彦」とみえています。彦は邦彦、すなわち水戸とも交流があった柴野栗山のことです（吉田一徳氏『大日本史紀伝志表撰者考』参照）。

寛政壬子は四年に当たり、藤田幽谷が『修史始末』を著した寛政九年の五年前となります。「始末」に注目しますのは「澹泊斎文集」（「始末」には「澹泊文集」または「澹泊集」と記載されています）が引用されているからですが、幽谷が引用する文章には八巻の中に含まれていないものがみられるのです。そうしますと、『増補水戸の文籍』の記述が正確ではないということになるのでしょうか。それとも依拠した底本が異なるのでしょうか。いずれにしましても判然としない部分がありますが、後に検討するとしまして、ここでは「類従」収録本によって構成をみておきましょう。なお、＊は『澹泊史論』に、①②⑤は『事実文編』（五弓雪窓編、明治四十三・四年に五冊本として刊行）の第一・第二・第五にそれぞれ収録されていることを示したものです。

巻一（三十八部）

奉賀上公閣下致仕移居西山啓／祭文恭朱先生墓文／明故徴君文恭先生碑陰①／＊擬豊太閤討明智光秀檄／＊書武市常三／書唐詩後／叢金堆序／謝賞千金梅啓／邀館僚賞庭菊啓／＊書重修紀伝義例後／祭鵜錬斎文／＊跋今井魯斎弔楠公文／復湖玄甫書／伊藤武之進碑陰／野懋斎碑陰②／書宅采菊詩巻後／書釈蘭山詩巻後／書村剛堂詩巻後／＊送村篁渓之江戸序／送鵜称斎序／送湖温卿序／送佐元達序／題詠菊詩巻／謝宅采菊恵夏菊啓／和三籟集序／十竹居士佐佐子碑陰②／与山崎玄碩書／白瑪瑙硯屏銘＊帝号議／論店鬼文／＊復山混斎書／＊石田軍記弁／＊鳥居寿軒家蔵文書記／近衛関白左丞相手書記／投璽茶入説／子花譜代／棲鸞帝記／奉悼源義公

巻二（七部）

与村篁渓泉竹軒書／＊書増補追加家忠日記後／与村篁渓泉竹軒書／＊帝号議例／＊将軍伝義例／村篁渓碑銘②／書逐日功課自実簿後

巻三（八部）

＊致藤執政書二首／祭朱文恭先生文／跋牒夢集／＊書僧高弁語贈藤執政／跋大洗磯前明神社本縁／草廬三顧図賛／＊寄泉竹軒佐竹暉両総裁書／磐船山法会詩歌序

巻四（十一部）

＊帝大友議／＊二宮考上／＊二宮考下／王魏事太宗／真西山／＊神功皇后論／清談之禍／＊読焚椒録／＊源義家／＊平政子／＊入田親真

巻五（二十部）

＊信玄請殿①／＊信玄逐父①／＊韮崎之戦①／＊信玄納頼茂女①／＊信方之敗①／＊戸石之戦①／＊上田原之戦①／＊義清乞援景虎①／＊川中島之戦①／＊信玄廃義信①／＊上坂泰貞教戒二子／＊京極屋形／＊浅井三代／＊浅見対馬守俊孝／＊井口弾正義氏／＊赤尾清綱対久政／＊久政殺大橋秀元／＊久政議長政与信長結婚／＊遠藤喜衛門直継／＊安養寺三郎左衛門経世

巻六（八部）

赤浜村願成寺鐘銘并序／水府系纂序／清涼院源夫人碑陰／検例提要序／大日本史後序／＊跋分門入室図／寄但州興国寺住持百拙和尚書／書破草鞋後

巻七（三十五部）

答百拙和尚書／＊答中根重玄書／養花筒説／跋積翠亭詩歌軸／送田東渓赴彦根序／勧酒説／谷派剣術記⑤／江戸賦序／省庵文集序／復小宮山桂軒啓／賀雪庵和尚住清水寺疏／故従五位下玄蕃頭伊藤君碑銘②／硯銘／跋本朝軍器考／義公行実跋／西山遺事序／跋義公詩余軸／毅斎三木君墓碑銘②／小宅清兵衛墓碑銘①／小宅兵十郎墓碑銘／跋勤読画軸／跋潜抱亭十境詩巻／賀田信斎六十寿啓／跋祭酒源公詩軸後／廬山石記／翠嵐石記／答百拙和尚書／東雅序／跋剣術記／酒器銘／答僧大心／書野中重羽宝刀記後／肥田猟之丞碑陰／復荻徂徠書／追校正館本大学衍義状

巻八（三十一部）

掲翠亭記／射鹿記／復荻徂徠書／招天湫和尚住祇園寺疏／醯鶏集序／復荻徂徠書／楮尾請益／答中島総裁書／通軒説／謝因州刺史肥田君啓／復百拙和尚書／水竹軒記／答荻徂徠書／＊謝平玄中書／答平玄中書／寄平玄中書／寄田子愛書／湖亭渉筆序／答荻徂徠書／田巴山牌陰／題甲櫝／復平玄中書／＊源流綜貫序／復荻徂徠書／又／答百拙和尚書／＊大田氏家譜序／大田静軒寿蔵碑／天然不離園記／書忠義碑陰／賀室鳩巣寿序

以上、百六十三部の文章が収録されていますが、全体に整然とした分類ではないようです。ただ、巻一には重要なものを収め、巻二から巻五には史論中心の文章を収めたということはできるでしょう。『澹泊史論』との関係はすでにその若干を述べましたが、『事実文編』には文集にみえない五文章が収録されています（「故執政兼山君行状」「儼塾森君墓誌銘」「雪蘭居士大串元善碑陰」「弾月酒井氏行略」「因幡守肥田君墓碑銘」、なお「雪蘭居士大串元善碑陰」は『年山紀聞』巻之四にもみえています）。

○

次に『文苑遺談』（『日本儒林叢書』収録本による）に引用されている「澹泊集」を検討してみましょう。幽谷の「始末」にみえる「澹泊集」（ほとんどは「澹泊文集」の表記）が「澹泊斎文集」を指すことは疑いがありません。『文苑遺談』は幽谷の館僚である青山延于（総裁）の著書ですが、「澹泊集」（一部「淡泊集」「同上」の表記もみられます）を引用しています。検討しますのは「澹泊集」の割注（一部本文中）記載で、その文章名や引用によってその内容が把握できるものに限定せざるをえませんが、その引用状況は次の通りです。

①小宅生順の項、小宅清兵衛墓碑銘
②朱之瑜の項、書舜水文集後
③吉弘元常の項、安積覚詩云
④中村顧言の項、村篁渓碑銘
⑤安積覚の項、「案澹泊集。有老牛説」の割註
⑥安積覚の項、復屈南湖（註略）書曰「僕事文恭在童丱時」
⑦安積覚の項、与村篁渓泉竹軒書曰
⑧栗山愿の項、与泉竹軒佐竹暉書曰
⑨森尚謙の項、「好議論古今。商較成敗。誘掖後進。」（墓誌名）

⑩森尚謙の項、澹泊与書責之。其略曰
⑪鵜飼真泰の項、送称斎序曰
⑫安藤為実の項、序続有問答曰
⑬佐治毘の項、送竹暉序、其略曰
⑭大井貞広の項、復湖玄甫書曰、……又送温卿序曰
⑮小宮山昌嶠の項、答宮詞宗啓
⑯小宮山昌嶠の項、作江戸賦、安澹泊為序
⑰小宮山昌嶠の項、答玄中書曰
⑱河合正脩の項、与正脩書曰

この十八例をみますと、先の類従本「澹泊斎文集」で確認できるものは①④⑦⑧⑪⑬⑭⑯⑰のみですが、⑫は『澹泊史論』にみえています。まずは類従本に収録されていない文章の検討から始めましょう。

②は本文にみえ、「舜水文集」に収録されています。

③について、吉弘元常に関する詩文は「澹泊斎文集」にはみえていません。

⑤によれば「老牛説」という一文が「澹泊斎文集」にみえることになりますが、類従本には収録されていません。

⑥の「復屈南湖書」も確認できませんが、注には「南湖姓堀。名正修。安芸侯儒臣」とみえていま

す。

⑨は墓誌銘ですが、『事実文編』第二にみえています。

⑩は長文の引用ですがやはり収録されていません。尚謙の項では⑨⑩の他に二箇所の注記があるところからしますと、尚謙に関する文章がいくつかあったものと思われます。

⑫も収録されていませんが『澹泊史論』には収録されています。ただ収録名は「続有職問答序」となっています。

⑮は割注ではなく本文にみえますが、収録されていません。「宮詞宗」は昌嶠のことです。

⑱は義公の史眼を伝えた重要な文章としてよいと思われます。

以上は「澹泊集」等の割注記載に関するものですが、他にも「澹泊斎文集」に収められているにもかかわらず文章名を記載したものがみられます。例えば、朱之瑜の項の「安澹泊撰墓碑」、人見伝の項の「墓碑」、佐々宗淳の項の「安澹泊撰碑文」等ですが、何故に「澹泊集」と表記されなかったのかは不明としなければなりません。ただ、墓碑銘であることが何らかの理由なのかもしれませんし、あるいは延于が参照した「澹泊集」には収められていなかったとすべきなのかもしれません。また、大串元善の項には「安淡泊撰墓碑」と「検閲議」が注記されていますので、やはり延于がみた「澹泊斎文集」には収録されていなかったと思われます。

なお、蛇足ながら『修史始末』に引用の雪蘭碑銘は「澹泊斎文集」から、「検閲議」はそのまま出典として掲げられているところからしますと、藤田幽谷がみた「澹泊斎文集」にもこの二文章は収められていなかったはずです（拙稿『藝林』第五十五巻第一号掲載の「『修史始末』の出典註記―安積澹泊関連記事をめぐって―」参照）。

さて、このような状況から問題となりますのは『文苑遺談』に引用されているにもかかわらず、類従本には収録されていないものがみられることです。もし『文苑遺談』の引用に誤りがないとすれば、延于が参照した「澹泊斎文集」と類従本は異なるとしなければなりませんし、また同様のことが『澹泊史論』との関係でもいえるのです。先に引いた『増補水戸の文籍』によりますと、元来「澹泊斎文集」は文が十巻あって、そのうちの八巻分が類従本ということになります。したがって、残りの二巻分に収録されていたとしますと何ら問題はないはずです。ところが、そう単純にことが運ばないのです。節を改めて考察しましょう。

○

甘雨亭叢書の『澹泊史論』には「書澹泊先生史論後」という一文が付加されていますが、その中に「余嘗て其の文集を得て此を閲す。史論若干首……乃ち抄録して二巻と為す」とみえていることからしますと、二巻に収録されるものは「澹泊斎文集」に含まれていなければならないはずです。ところが、すでにふれましたように類従本の末尾には八巻を寛政壬子秋九月に謄写した旨がみえ、また『澹泊史論』冒頭にも八巻とありますので、元来八巻しかなかったといえなくもありません。壬子は寛政四年ですから、叢書の編纂時に八巻だったことは当然でありますので『増補水戸の文籍』の記述と齟齬をきたすことになります。これをどのように考えるべきでしょうか。

もし両方の記述が正しいとしますと、それぞれが依拠した「澹泊斎文集」は別個のものと考えざるをえないのです。このことは藤田幽谷の『修史始末』に注記の「澹泊文集」からも明らかです。すなわち「澹泊文集」は「澹泊斎文集」であって『文苑遺談』の「澹泊集」を指すのですが、「始末」には類従本にはみえないものが注記されています。例えば、「始末」の享保十八年の条にみえる「答百拙和尚書」は『澹泊史論』や「澹泊斎文集」に収められています「答百拙和尚書」と同名ではあっても内容が異なる一文ですし、中村顧言の祭文や大串雪蘭の碑銘がみえていないことなどです。「始末」の成立は寛政九年ですから類従本は五年前の成立となり、この系統の本を幽谷が参照したということは年代的には可能です。しかし、実際に幽谷が参照した「澹泊斎文集」は類従本とは異なるものと判断せざるを得ないのですが、また同様のことが延于の参照本についてもいえるのです。

さて、もう一度整理してみましょう。「文籍」のごとく元来は文が十巻であって、そのうちの八巻が印刷されたとしますと、残りの二巻分に『澹泊史論』や幽谷及び延于が引用した文章が含まれていたと仮定すれば特に問題がありません。しかし、幽谷以前に八巻だったとしますと依然として問題は残るとしなければなりません。そこで結論としては、それぞれの参照本が異なるものであったということになります。類従本の奥書が正しいとしますと幽谷や延于が用いた「澹泊斎文集」とは異なりますが、八巻本であったということになります。さらに「文籍」にいうところの「澹泊斎文集」も異なるものとなりますから、少なくとも三種類が存在したことになるのです。このようにみて参りますと、今のところ「澹泊斎文集」に定本を求めることはむずかしいようです。

ところで『事実文編』収録の小池友賢「故老牛居士安積君墓銘」や徳田庸「安積澹泊斎行実」には著作として「湖亭渉筆」と「澹泊斎文稿」のみがみえています。『論賛』や『烈祖成績』は公命によるものですから個人の著作としてはこの二著のみでよいとしますと、「澹泊斎文稿」は「澹泊斎文集」のことなのでしょうか。一体『事実文編』は何を参照したのでしょうか。文編には類従本にみえない文章も収められていますから、少なくとも類従本のみを参照したのではないことは確かですし、何種類かの「澹泊斎文集」を想定しなければならないと思われます。

いずれにしましても「澹泊斎文集」をめぐる諸問題は、依然として混迷の状態にあるとしなければならないようです。

○

以上に言及してきた文章のうち、類従本未収録のものを整理してみますと次のようになります。

①『澹泊史論』からの文章

答寒川辰清問／烈祖成績序／保建大記跋／守山日記序／海上隠者／神祖興隆儒学／記直江兼続事／瓢箪／道観／擬策問／答百拙和尚書／復平玄仲書／続有職問答序／貞婦伝序／書大石家譜後

②『文苑遺談』からの文章

朱之瑜の項、書舜水文集後

○吉弘元常の項、安積覚詩云
安積覚の項、「案澹泊集。有老牛説」の割註
安積覚の項、復屈南湖(註略)書曰「僕事文恭在童丱時」
＊森尚謙の項、「好議論古今。商較成敗。誘掖後進。」(墓誌名)(『事実文編』にみえます)
森尚謙の項、澹泊与書責之。其略曰
＊安藤為実の項、序続有問答曰(『澹泊史論』にみえます)
小宮山昌嶠の項、答宮詞宗啓
河合正脩の項、与正脩書曰

③『事実文編』からの文章
故執政兼山君行状／儼塾森君墓誌銘／雪蘭居士大串元善碑陰／弾月酒井氏行略／因幡守肥田君墓碑銘

以上、重複します二文章(＊印)と詩(○印)を除いて二十六の文章が未収録となりますが、「検閲議」や「大勝星説」等を加えますとさらに増すこととなります。ただ『文苑遺談』によるものは必ずしも文章名が明らかではありません。今のところ、これらの文章の未収録に至る経緯は一切不明ですから後考に委ねざるを得ないのです。

○

本書は「まえがき」でふれましたように前著『藤田幽谷のものがたり』の姉妹編としての意味合いをもっています。それは前著での修史事業に関しての言及が十分とはいえない部分がありましたので、それを補うこともふまえているからです。安積澹泊が水戸を代表する学者というわりには、まとまった研究は必ずしも多くはないように思われます。次に、本書の執筆で参照させていただいたものを掲げます(敬称略)。

徳富蘇峰『近世日本国民史・雄藩篇』第十四章(昭和十年)
松本純郎「安積澹泊に就いて」(『水戸学の源流』、昭和二十年)
吉田一徳「史学者としての安積澹泊の功績」(『大日本史紀伝志表撰者考』、昭和四十年)
小倉芳彦「解題「大日本史賛藪」」(『近世史論集』、昭和四十九年)
名越時正「澹泊安積覚」(『水戸史學先賢傳』、昭和五十九年)
鈴木暎一「『大日本史』「論賛」の成立過程」(『水戸藩学問教育史の研究』、昭和六十二年)
荒川久壽男「澹泊と白石――新安手簡年次考――」(『新井白石の学問思想の研究』、昭和六十二年)
久野勝弥「安積澹泊と『検閲議』」(平成十四年度水戸学講座『水戸の文籍(前期)』)

また『修史始末』に関しては、
名越時正「『修史始末』の成立とその意義」(『水戸光圀とその餘光』、昭和六十年)
仲田昭一「藤田幽谷と「修史始末」」(平成十五年度水戸学講座『水戸の文籍(後期)』)
梶山孝夫「『修史始末』の出典註記――安積澹泊関連記事をめぐって――」(『藝林』第五十五巻第一号、

平成十八年）

そして、「まえがき」でもふれた口語訳があります。さらに、拙著『現代水戸学論批判』（平成十九年）と『大日本史の史眼――その構成と叙述――』（平成二十五年）にも関連の論考を収めていますので、それらも活用しました。その他『水戸市史』をはじめとして多くの関連記述や『日本思想大系』・『続々群書類従』などの史料集も参照しましたので重ねてお礼を申し上げたいと思います。

なお、本書の内容はすでに私のブログ（ＢＬＯＧ江風舎）に掲載したものですが、それに多少の手を加えて一書としましたことを付記します。

末尾になりますが、水戸史学会及び錦正社の皆様に深甚なる感謝の意を表します。

平成二十六年九月二十八日

梶山孝夫

著者略歴

梶《かじ》山《やま》孝《たか》夫《お》

昭和 26 年　茨城県生

大学卒業後茨城県内の私立学校に奉職、平成 24 年 3 月退職

現在　水戸史学会理事

　　　温故学会顧問

　　　稲敷市文化財保護審議会委員

　　　博士（文学）

主要著書　　新版佐久良東雄歌集（錦正社）

　　　　　　水戸の國學―吉田活堂を中心として―（錦正社）

　　　　　　水戸派国学の研究（臨川書店）

　　　　　　大日本史と扶桑拾葉集（錦正社）

　　　　　　現代水戸学論批判（錦正社）

　　　　　　大日本史の史眼―その構成と叙述―（錦正社）

　　　　　　藤田幽谷のものがたり（錦正社）

現住所　〒 300-0504　茨城県稲敷市江戸崎甲 955-2

安積澹泊《あさかたんぱく》のものがたり

平成二十六年十二月二十二日　印刷

平成二十七年　一月　五日　発行

※定価はカバーなどに表示してあります。

著　者　梶　山　孝　夫

発行者　中　藤　正　道

発行所　株式会社　錦　正　社

〒一六二―〇〇四一

東京都新宿区早稲田鶴巻町五四四―六

電　話　〇三（五二六一）二八九一

FAX　〇三（五二六一）二八九二

URL　http://www.kinseisha.jp/

印刷所　株　式　会　社　文　昇　堂

製本所　株式会社ブロケード

ISBN978-4-7646-0120-8

©2015 Printed in Japan

水戸の碑文シリーズのご案内

水戸の碑文シリーズ①
栗田寛博士と『継往開来』の碑文
照沼好文著
本体一四〇〇円
内藤耻叟撰文の『継往開来』の碑文を中心に、明治の碩学栗田寛博士の生涯についても述べた。その生涯と業績は、すべてこの碑文の中に濃縮されている。そして更に水戸史学への理解を！

水戸の碑文シリーズ②
水戸烈公と藤田東湖『弘道館記』の碑文
但野正弘著
本体一〇〇〇円
天下の名文『弘道館記』碑文の解説書。『弘道館記』は、幕末の水戸藩に創立された総合大学「弘道館」建学の精神を格調高く天下に宣言したものである。

水戸の碑文シリーズ③
水戸光圀の『梅里先生碑』
宮田正彦著
本体一二〇〇円
全文僅か二九九文字のものであるが、水戸光圀自身が、後世に残すつもりで書き記され、この中に水戸光圀七三年の生涯のエキスが詰め込まれている『梅里先生碑』の解説書。

水戸の碑文シリーズ④
原伍軒と『菁莪遺徳碑』
久野勝弥著
本体一二〇〇円
水戸偕楽園の一画に建つ原伍軒（原市之進）の顕彰碑『菁莪遺徳碑』の碑文によって藤田東湖亡き後の水戸藩を代表する人物・原伍軒の生涯と業績を解説し、その歴史的位置を考察する。

水戸の碑文シリーズ⑤
水戸斉昭の『偕楽園記』碑文
安見隆雄著
本体一二〇〇円
水戸偕楽園造営の趣意を示した『偕楽園記』の解説書。本書では『偕楽園記』の原文・書き下し文・平易な意訳と丁寧な解説の他、偕楽園と好文亭、斉昭と茶道、付録には徳川斉昭・偕楽園・『偕楽園記』の貴重な英文史料も収録。徳川斉昭・偕楽園を学び理解する絶好の書。

史跡めぐり
水戸八景碑
但野正弘著
本体一〇〇〇円
その地に立てば、烈公徳川齊昭の選定眼の確かさと詩心の豊かさとをしみじみ感じさせてくれる。今、見直される藩士の身心を鍛えた天保のウォークラリー。

水戸の人物シリーズのご案内

水戸の人物シリーズ⑥
藤田東湖の生涯
但野正弘著　本体一三〇〇円

藩政改革の傑人の実像に迫る。慶喜公に伝えられた光圀以来の遺訓は幕府最後の土壇場で見事な光を放ち日本国を守ることができた。その遺訓こそが水戸の心であり、藤田東湖のいう大義を明らかにして人心をただすにほかならなかった。

水戸の人物シリーズ⑦
助さん・佐々介三郎の旅人生
但野正弘著　本体一六〇〇円

「水戸黄門」の助さんのモデルとしてもお馴染みの佐々介三郎の「旅人生」的な生涯と人物像を平易で読みやすく、判りやすく紹介する。水戸黄門漫遊記ではわからない本当の佐々介三郎に迫る。

水戸の人物シリーズ⑧
桜田門外の変と蓮田一五郎
但野正弘著　本体一一〇〇円

「安政の大獄」から「桜田門外の変」に至る幕末の複雑な経緯や事変の真相を判りやすく解説するとともに、貧しい下士の家に生まれ苦学力行し、井伊大老要撃に一命掛け、二十九歳で処刑された蓮田一五郎の人物像を母姉宛の「遺書」や「手記」「桜田事変図」など残された史料から解き明かす。
母や姉への細やかな心遣い、逆境に耐え真剣に取り組んだ勉学への態度、国家の将来に思いを馳せ命をかけた志……篤き孝心の志士　蓮田一五郎。

水戸の人物シリーズ⑨
慈愛の郡奉行小宮山楓軒
仲田昭一著　本体一五〇〇円

農村の荒廃が顕在化した中、水戸藩で農村改革の実践に当たった小宮山楓軒。名郡奉行として人格・政策遂行共に優れ、領民に慕われた楓軒の人物像と学者としての素顔、業績を明らかにする。
楓軒は、生涯に亘り水戸藩士として鋭意努力を重ね膨大な量の史料集編纂や、徳川氏の家史『垂統大記』の編纂へと発展していった。また、郡奉行としては民政を担当し、農民への愛情をもって常に領民の教化と農事の督励、気風の改善に尽力した。楓軒の生涯・業績を繙き慈愛の心溢れる楓軒の気概を学ぶ。

錦正社
〒一六二―〇〇四一　東京都新宿区早稲田鶴巻町五四四―六
電話〇三(五二六一)二八九一　FAX〇三(五二六一)二八九二
URL http://www.kinseisha.jp/

※表示は税別です。

水戸史学選書

新版水戸光圀	名越時正著	二八一六円
水戸史學先賢傳	名越時正監修	二九〇〇円
水戸光圀とその餘光	名越時正著	三三〇〇円
水戸史學の現代的意義	荒川久壽男著	二九〇〇円
新版佐々介三郎宗淳	但野正弘著	三〇一〇円
他藩士の見た水戸	久野勝弥著	二七〇〇円
水戸學の達成と展開	名越時正著	三一〇七円
水戸の國學　吉田活堂を中心として	梶山孝夫著	三四〇〇円
水戸光圀の遺猷	宮田正彦著	三六〇〇円
水戸の學風　特に栗田寛博士を中心として	照沼好文著	三二〇〇円

水戸史学選書

水戸光圀と京都	安見隆雄著	三九〇〇円
大日本史と扶桑拾葉集	梶山孝夫著	二九〇〇円
北方領土探検史の新研究　その水戸藩との関はり	吉澤義一著	三四〇〇円
水戸光圀の餘香を訪ねて	住谷光一著	二八〇〇円
現代水戸学論批判	梶山孝夫著	二七〇〇円
水戸藩と領民	仲田昭一著	二七〇〇円
続水戸光圀の餘香を訪ねて	住谷光一著	二八〇〇円
大日本史の史眼　その構成と叙述	梶山孝夫著	三四〇〇円
水戸学逍遙	但野正弘著	二三〇〇円
水戸学の復興　幽谷・東湖そして烈公	宮田正彦著	二八〇〇円

※表示は税別です。

錦正社叢書

錦正社叢書①
藤田幽谷のものがたり
藤田東湖、父幽谷を語る
東湖の父である幽谷の学問とその精神を東湖が記した「先考次郎左衛門藤田君行状」をメイン史料に小説形式で書き上げた史的根拠に基づく物語。
梶山孝夫著　九〇〇円

錦正社叢書②
日本消滅　その防止のために
〝日本消滅〟をもたらさないために今何をすべきか
祖先が営々と培ってきた日本人の生活・文化……全てに繋がる皇室の存在意義を見つめ直し、そのあり方を問う。皇室典範改正問題に一石を投ずる。
堀井純二著　八〇〇円

錦正社叢書③
世界の中の神道
近代日本の神道論を分り易く纏めた一冊
著者が長年研究してきた近代日本の神道論に関する論文をベースに三章に分けて誰にでも理解しやすいよう再編集。
佐藤一伯著　九〇〇円

※表示は税別です。